SABEDORIA e BONDADE

Dom Vicente Zico, CM

VINÍCIUS AUGUSTO RIBEIRO TEIXEIRA, CM

SABEDORIA e BONDADE

Dom Vicente Zico, CM

Dados Internacionais de Catalogação na Publicação (CIP)
(Câmara Brasileira do Livro, SP, Brasil)

Teixeira, Vinícius Augusto Ribeiro
Dom Vicente Zico: sabedoria e bondade / Vinícius Augusto Ribeiro Teixeira. – São Paulo: Paulinas, 2017. – (Coleção memória)

Bibliografia.
ISBN: 978-85-356-4281-0

1. Bispos - Brasil - Biografia 2. Igreja Católica - Bispos 3. Vicentinos 4. Vida religiosa 5. Zico, Vicente Joaquim, 1927-2015 I. Título. II. Série.

17-02271 CDD-282.092

Índice para catálogo sistemático:

1. Bispos: Igreja Católica: Vida e obra 282.092

1ª edição – 2017

Direção-geral:
Flávia Reginatto

Editora responsável:
Andréia Schweitzer

Copidesque:
Ana Cecilia Mari

Coordenação de revisão:
Marina Mendonça

Revisão:
Sandra Sinzato

Gerente de produção:
Felício Calegaro Neto

Capa e diagramação:
Claudio Tito Braghini Junior

Paulinas

Rua Dona Inácia Uchoa, 62
04110-020 – São Paulo – SP (Brasil)
Tel.: (11) 2125-3500
http://www.paulinas.org.br – editora@paulinas.com.br
Telemarketing e SAC: 0800-7010081

Um homem de Deus,
um consagrado feliz e um pastor solícito,
são estes os aspectos mais evidentes no perfil
biográfico de Dom Vicente Joaquim Zico.
Falemos um pouco de sua história.
É justo e necessário que recolhamos
as inspirações que sua vida tem a comunicar.
Sigamos assim o conselho do autor sagrado,
que nos manda "elogiar os homens de bem,
cujos benefícios jamais serão esquecidos"
(Eclo 44,10).

Sumário

Prefácio

Vida abençoada e multiplicada.
Árvore fecunda e abençoada:
mais o tempo passa, mais frutos produz,
frutos mais saborosos, mais gostosos.
Nós nos deleitamos com seu testemunho sacerdotal
brilhante e cristalino, que faz transparecer,
luminosamente, o sacerdócio único
e santo de Jesus.
Em sua pessoa, Dom Vicente,
realça visivelmente aquilo que acreditamos:
"O sacerdote é um outro Cristo".

Escrever o prefácio desta pequena e bela obra do Padre Vinícius Teixeira, uma reflexão amorosa sobre a pessoa de Dom Vicente, é para mim uma grande alegria, uma honra, uma bênção de Deus que confirma o que significou ser bispo auxiliar, amigo, companheiro de missão daquele que encontrei em Belém do Pará: um pai amado, um irmão carinhoso no episcopado, um pastor atencioso e zeloso pelo bem da Igreja a ele confiada.

Uma canção de Paulo Sete e Clayton Querido, interpretada com maestria pelo cantor Roberto Carlos, fala-nos muita coisa desse dom de Deus enviado pelo Pai como pastor da Arquidiocese de Belém:

Vai como um vento solto numa campina,
desliza na relva verde e vai subindo pela colina.
Todas as folhas secas viram tapete aqui neste chão,
nos pés desse homem bom, que só tem amor em seu coração.
Vê outra madrugada que vem chegando,
fala com os passarinhos, brinca com as flores, vai meditando...
Ele é um mensageiro da alegria e jamais da dor,
quer a felicidade da humanidade, seja onde for.

Ele é uma pessoa que ama e perdoa e não vê a quem,
anda pelos caminhos, levando a paz, ajudando alguém.
Por todos os lugares, cruzando os mares, fazendo o bem,
ele é um homem bom, distribui amor e tudo o que tem.

Cheio de amor e fé, ele é nosso irmão.
Aquele grande amigo, que no perigo estende a mão.
Tem no olhar a calma, tem luz na alma
e em sua voz tem sempre uma palavra de amor e paz
a dizer para nós.
Sabe tudo o que diz o Livro Sagrado,
e tudo o que ele ensina em seu coração ele tem guardado.
Quem sabe o nome dele, se é Pedro ou Paulo ou se é João...
Só sei que é um homem bom, porque tem Jesus em seu coração.

Ele é uma pessoa que ama e perdoa e não vê a quem,
anda pelos caminhos, levando a paz, ajudando alguém.
Por todos os lugares, cruzando os mares, fazendo o bem,
ele é um homem bom, distribui amor e tudo o que tem.

Foi assim que Dom Vicente viveu nesta terra. Nele, todos encontravam a figura do pai bondoso e do amigo fiel. Um homem bom, porque levou sempre Jesus em seu coração. Uma pessoa que sempre soube amar e perdoar sem fazer distinção de pessoas. Por onde andou, levou a paz, distribuiu amor e tudo o que possuía. Na simplicidade de seu coração, testemunhou a fé, a fidelidade, a alegria e a caridade.

Em Belém, "Casa do Pão", Dom Vicente viveu seu ministério de arcebispo como um irmão entre todos, irradiando o próprio Cristo, Luz do mundo, Caminho, Verdade e Vida, sob o manto daquela que o embalou como filho amado, a excelsa Padroeira da Amazônia, a Senhora de Nazaré. Podemos testemunhar sua firmeza e bondade na condução da Igreja de Belém, apoiados sempre nos pilares que definiam seu brasão: o Pão da Palavra e da Eucaristia, iluminados pela Estrela da Evangelização apontada em seu lema episcopal – *Cum Maria Mater Iesu* (Com Maria, Mãe de Jesus).

Por seu amor a Maria, Dom Vicente marcou a vida dos paraenses com as celebrações anuais do grande Círio de Nazaré, com suas homilias, programas de rádio e televisão. Sua paixão pela Igreja, seu amor filial e fiel ao Santo Padre, a fidelidade dinâmica e carinhosa ao rebanho que o Senhor lhe confiara fizeram de Dom Vicente "sinal vivo do Senhor Jesus, Pastor e Esposo, Mestre e Pontífice da Igreja", como afirma São João Paulo II na Exortação Apostólica *Pastores gregis*. Incontáveis são as maravilhas e as graças que Deus realizou na vida de milhares e milhares de irmãos e irmãs através do ministério sacerdotal e episcopal de Dom Vicente Zico.

Surpreendente e reveladora foi a visita que Dom Vicente me fez, no dia 13 de abril de 2015, 21 dias antes de sua partida para o Pai. Pela manhã, ligou-me, dizendo que estava com muita vontade de me ver e conversar comigo. Eu me dispus a ir a Belém, mas ele fez questão de vir a Castanhal. Ao chegar, naquela tarde, eu o acolhi com um forte abraço. Foi o nosso último, encantador e inesquecível encontro, certamente o mais bonito que tive com Dom Vicente. Duas horas de íntima conversa. Enquanto fora caía uma forte chuva, em minha sala raiava luminoso o sol de sua presença. Seus olhos brilhavam. Sua paz e sua alegria logo me contagiaram. De seu corpo frágil, provado e consumido, transbordava o entusiasmo de seu espírito. Passaram rápidas aquelas duas horas. Recordou com alegria a criação da Diocese de Castanhal, as iniciativas ousadas em que juntos nos lançamos, confiando somente na Divina Providência, ele com seu sorriso e eu com minha teimosia... Em seguida, começou a se lembrar de pessoas, familiares e amigos que acompanharam sua caminhada, destacando as que marcaram sua espiritualidade: São João Paulo II e o Bem-aventurado Paulo VI. Este último o encantara por seu amor a Cristo e à Igreja, sua palavra profunda e sábia, sua determinação em conduzir a termo o Concílio Vaticano II. Comentou o testamento espiritual de Paulo VI, como se nele quisesse se espelhar e se inspirar, parecendo querer me antecipar algo. Com o rosto sereno e luminoso, falava do que seu coração ansiava, denunciando, com sua voz trêmula, a emoção de seu coração. E, assim, partilhava comigo seu desejo do céu, a consciência clara de seu próximo e decisivo encontro com o Senhor, a certeza do dever cumprido e sua entrega confiante nas mãos bondosas de Deus Pai. E tudo isso com a mais impressionante espontaneidade, a mais desarmada simplicidade, com uma alegria que jorrava de sua alma transparente e pura. No final da conversa, acrescentou que só precisava visitar seus familiares em Belo Horizonte.

Esse encontro de sincera amizade e íntima comunhão, verdadeira festa, levou-me a agradecer ao Senhor por tudo o que Dom Vicente foi, é e significa para mim, para a Diocese de Castanhal e a Arquidiocese de Belém, para a Amazônia e o Brasil. Obrigado, Senhor, por ter feito com que eu encontrasse no caminho de minha vida este santo pastor, este bom pai, este sábio irmão e querido amigo! Cabe-nos agora a missão de manter viva sua memória, procurando alimentar em nós aquele apaixonado, firme e fiel amor a Jesus, a Nossa Senhora e à santa Mãe Igreja, ao qual Dom Vicente consagrou sua vida. E o faremos imitando sua natural bondade e sua incansável doação, seu carinho para com todos, seu constante sorriso acolhedor, sua transparente mansidão, sua evangélica simplicidade, suas palavras iluminadas, sábias e animadoras e, em tudo, sua alegria e bom humor.

Querido Dom Vicente, agora que alcançaste o Amor tão desejado e esperado, entrando no coração de Deus-Amor, e que podes mais do que antes, não te esqueças de nós, de nossas Igrejas, de nossos padres, diáconos, religiosas e religiosos, seminaristas, dos pobres e dos sofredores. Continua, com mais força e mais vigor, a cuidar de nós, a estar presente em nossa caminhada diária rumo à casa do Pai. Intercede por nós, acompanha-nos e abençoa-nos com teu exemplo e tua santidade. Amém!

Dom Carlos Verzeletti
Bispo de Castanhal (PA)

Introdução

Por que será que algumas pessoas atingem níveis tão profundos de humanidade? Qual o segredo destas pessoas que só fazem o bem, irradiando sabedoria e bondade por onde passam? Como conseguem conservar a serenidade e a leveza em meio às agitações e sobressaltos da vida? Qual a fonte da mansidão que cadencia seus gestos e palavras? Perguntas como estas ocorriam espontâneas a quem quer que tivesse a oportunidade de conhecer, encontrar, ouvir ou contemplar a pessoa de Dom Vicente Joaquim Zico, acolhido na eterna paz do Senhor no dia 4 de maio de 2015. E perguntas semelhantes continuam a irromper da memória do coração de quem segue recordando sua figura veneranda. De sua imperecível lembrança, colhemos um apelo a desvendar o segredo de uma vida repleta de fé. Sim, porque este foi, indiscutivelmente, o segredo da fecunda existência de Dom Vicente: sua fé confiante e operosa. Fé que o fazia um homem realizado em sua vocação e feliz em seu ministério; fé que o tornava sempre mais identificado com Cristo, unido ao Pai e dócil ao Espírito; fé que transparecia em seu luminoso sorriso, em sua delicadeza exemplar, em sua incansável generosidade. Desvendando o segredo da vida de Dom Vicente, o mistério de seu coração magnânimo, chegamos à fonte de sua proverbial bondade: o Deus-Amor, sempre mais amado, buscado na constância de sua oração e revelado em seu ardor apostólico. Compreendemos, então, porque o Senhor suscita pessoas dessa têmpera: para despertar nos outros, em todos nós, o desejo de ser bom, a chama do amor, a saudade do infinito.

Em seu último livro, contendo as meditações dos vários retiros que orientou para o clero, em seus anos de arcebispo emérito, Dom Zico nos oferece este vigoroso testemunho de alguém que, na escola de outro Vicente, seu santo fundador, soube fazer da confiança na Providência seu alento e da vontade do Senhor seu projeto de vida:

> "Deixemo-nos conduzir pela Providência, e tudo chegará a bom termo", dizia São Vicente de Paulo. Nós, padres, temos a testemunhar e, muitas vezes, a consciência de sermos guiados por Deus, em sua Providência: ideias, projetos, iniciativas, realizações, cabe-nos abrir-nos a Deus, que nos inspira a trabalharmos como ele deseja e, nesse sentido, nos dá suas luzes e graças. É com a força de sua graça e de suas sugestões interiores que realizamos a missão que nos confiou. Sejamos, pois, sempre abertos a ele para fazermos unicamente o que ele quer, não nos apoiando em nossas forças, nem nos orgulhando do que realizamos. Deus nos conduz com amor e sabedoria (CS, p. 22).[1]

Certa vez, estando em Belém, ouvi de um jovem padre: "Entre nós, Dom Zico é uma unanimidade". Pus-me a pensar: como foi possível a Dom Vicente tornar-se uma unanimidade? Será que as adversidades e as oposições não despontaram em sua vida de homem consagrado, presbítero e bispo? Claro que sim, e não devem ter sido poucas. Mas não se tratava disso. A unanimidade de que falava aquele sacerdote dizia respeito ao que uma pessoa tem de mais belo, genuíno e cativante: sua integridade humana, sua coerência de vida, sua capacidade de viver e agir segundo os valores em que acredita e que procura transmitir. Mesmo os que se

---

[1] ZICO, Vicente Joaquim. *Chamados a ser santos no serviço ao povo de Deus*: meditações espirituais para sacerdotes. Belém: Centro de Cultura e Formação Cristã, 2010. Doravante, citaremos apenas a sigla CS, seguida da(s) página(s) correspondente(s).

posicionavam de maneira diversa, mesmo os que o consideravam pacífico e paciente demais, mesmo os que dele esperavam posturas mais enérgicas e palavras mais inflamadas, sabiam e sabem reconhecer, respeitar e admirar sua retidão cerzida de evangélica ternura, característica inconfundível de Dom Vicente Zico. Por tudo isso, estas palavras, escolhidas dentre tantas outras, ressoam como uma extensão de sua vida, um eco de seu coração:

> É grande, amplo, o campo do testemunho a deixar para aqueles a quem devemos servir e para os quais devemos viver, mas creio que o nosso testemunho será eloquente, se nos mostrarmos a todos verdadeiros "homens de Deus", dotados de qualidades humanas que muito lhes falam e de uma personalidade espiritualmente rica e cheia de Deus, que lhes fala da presença de Jesus Cristo, em nossa vida e em nosso ministério sacerdotal (CS, p. 61).

No dia de seu falecimento, procurei nos quatro livros que compendiam escritos e entrevistas de Dom Zico alguma declaração sua a respeito da morte. Encontrei apenas duas. Lembrei-me de que, certa vez, ele mesmo me dissera que não pensava muito no desenlace final, mas que procurava viver intensamente cada instante de sua vida de modo a manter-se sempre pronto a pronunciar o último sim, quando aprouvesse ao Senhor chamá-lo a si. E o dia chegou. Partiu nosso Dom Vicente, no final da tarde daquele 4 de maio de 2015, em pleno tempo da Páscoa, no dia em que o Ofício das Leituras – que ele recitava com devota fidelidade – brindou-nos com uma belíssima página dos sermões de São Gregório de Nissa (séc. IV) sobre a vida nova do cristão alcançado pela graça da Ressurreição, espelho no qual podemos ver refletida a imagem de Dom Zico:

> Este novo ser é concebido pela fé, é dado à luz pela regeneração do Batismo, tem por mãe a Igreja que o amamenta com sua doutrina e tradições. Seu alimento é o pão

celeste, sua idade adulta é a santidade, seu matrimônio é a familiaridade com a sabedoria, seus filhos são a esperança, sua casa é o Reino, sua herança e riqueza são as delícias do paraíso, seu fim não é a morte, mas aquela vida feliz e eterna que está preparada para os que dela são dignos.

Foi também no mês dedicado à Mãe do Senhor que Dom Vicente se "despojou da tenda terrena" (2Pd 1,12). Ele aprendeu a amar Maria no aconchego de seu abençoado lar, sedimentou esta filial piedade na tradição espiritual de sua Congregação da Missão, imprimiu-a em seu lema e em seu ministério de bispo e ampliou seu fervor mariano junto à berlinda da Virgem de Nazaré, em comunhão de fé com seu amado povo de Belém. *Cum Maria Mater Iesu,* viveu, amou, serviu e morreu! A espiritualidade mariana de Dom Zico alimentava e dinamizava sua caridade pastoral e seu zelo apostólico:

> Nossa Senhora tem, certamente, um amor muito grande a este povo, a este Estado do Pará. Eu também recebo de Nossa Senhora atenção e carinho. É por isso grande minha devoção para com ela. E é grande a alegria que tenho em servir ao povo de Belém, ajudando-o e incentivando-o no crescimento de seu culto à Virgem de Nazaré. O amor e a devoção do povo se expressam eloquentemente no Círio (FV, p. 110).[2]

Este despretensioso opúsculo que agora vem à luz, nascido da gratidão e da saudade, propõe-se a apresentar o perfil de Dom Vicente Zico a partir de três enfoques intercomplementares:

---

[2] BONNA, Mízar Klautau; FONSECA, Maria de Fátima da. *Fragmentos da vida de Dom Vicente Zico.* Belém: Marques Editora, 2011. Sigla aqui adotada: FV, seguida da(s) página(s).

seus principais traços biográficos,[3] uma breve seleção de seus escritos espirituais e pastorais[4] e uma coletânea de imagens, estas obtidas graças à diligência de Hosélio Alexandre, motorista e secretário convertido em filho espiritual de Dom Zico, a quem externamos nossos agradecimentos. A principal fonte de que nos servimos foi, sem dúvida, a grata recordação dos muitos colóquios tidos com Dom Vicente, em distintos lugares e situações, especialmente em nossa Paróquia São José, bairro Calafate, Belo Horizonte (MG), onde ele se hospedava em suas frequentes visitas à capital mineira.

Para concluir esta palavra introdutória, nada melhor do que deixar que o próprio Dom Zico nos fale da aspiração fundamental e derradeira de sua vida, agora transformada em plena posse:

> Nós todos aspiramos, com certeza, ao dom de uma vida santa e à graça de uma boa morte (...). Depois de tantas atividades e cansaços que enchem nossa vida e o ministério que exercemos, podemos, com confiança e esperança, desejar e sonhar obter de Deus a graça de uma morte tranquila e santa. Oxalá possamos dizer, como São Paulo: "O tempo da minha partida se aproxima: combati o bom combate, terminei a minha carreira, guardei a fé; só me resta a coroa da justiça, que o Justo Juiz me dará" (2Tm 4,6-8) (CS, p. 110).

---

[3] Além das referências encontradas em *Fragmentos da vida de Dom Vicente Zico*, recorremos com frequência a outra obra de caráter biográfico: SILVA, Ademir da; GARRIDO, Silvio. *O apóstolo de Belém*: biografia de Dom Vicente Joaquim Zico, cm. Belém: Salesianos, 2003.

[4] Para esta seleção de escritos, servimo-nos também da coletânea de artigos publicados por Dom Vicente em diferentes periódicos e posteriormente reunidos em livro pela Arquidiocese de Belém, a fim de homenageá-lo por seu jubileu áureo de Ordenação Presbiteral: ZICO, Vicente Joaquim. *Escritos pastorais*. Belém: Arquidiocese, 2000. Sigla aqui empregada: EP.

E não pode ser outra a sorte de quem parte deste mundo com a consciência tranquila, o coração puro e as mãos calejadas por ter feito somente o bem, à semelhança de seu Mestre e Senhor. Assim foi sua vida, querido Dom Vicente. Por isso, muito obrigado!

Pe. Vinícius Augusto Ribeiro Teixeira, c.m.

A vida

Os primeiros passos

Vicente Joaquim Zico veio ao mundo no dia 27 de janeiro de 1927, na cidade de Luz (Minas Gerais), de pais profundamente cristãos, dos quais nasceram oito filhos. Antes de Vicente, quinto filho de Belchior Joaquim Zico (†1978) e Anita Maria da Silva (†1959), dois de seus irmãos se fizeram padres da Missão: Belchior Neto (†2000), depois nomeado segundo bispo da diocese de Luz (1962), e José Tobias (†2002), conhecido pelos relevantes serviços prestados à Congregação no Brasil. Ambos se notabilizaram pela vasta produção literária: o primeiro como poeta e o segundo como historiador. Uma das irmãs mais novas, Zélia, tornou-se religiosa contemplativa, entrando no Carmelo Descalço com o nome de Irmã Maria Teresa. Os outros quatro irmãos se uniram em matrimônio e constituíram família: Maria do Carmo, Luísa, Luís e Maria Aparecida. Dos pais, todos receberam preciosa herança de sólidas virtudes, apreciadas por parentes e amigos: fé robusta, caridade discreta, espírito de oração, atenção aos pobres, amor ao trabalho, dedicação à família. Com ternura e vigor, Zico e Anita transmitiam os valores que haveriam de forjar a personalidade de cada um de seus filhos. Por meio do solícito e laborioso pai, membro da conferência vicentina desde os quinze anos, as crianças ouviram falar pela primeira vez de São Vicente de Paulo. O epitáfio colocado no túmulo da mãe, cuja autoria se deve ao primogênito Belchior, delineia com precisão o perfil dessa mulher virtuosa: "Esposa e mãe, fez da vida um grande altar. Fez do lar uma floração de amor.

Dos oito filhos – que geração bendita! –, uma filha é religiosa carmelita. E três filhos são ministros do Senhor!". Foi, portanto, em um ambiente fecundo e promissor, tecido de simplicidade, união e alegria, que nasceu e cresceu Vicente Zico. Incentivado pelos irmãos mais velhos e apoiado pelas preces de seus genitores, não foi difícil discernir o chamado que o Senhor lhe dirigia para abraçar o sacerdócio como filho de São Vicente de Paulo.

Em 1938, aos onze anos, Vicente ingressou na Escola Apostólica do Caraça, primeira Casa da Congregação da Missão no Brasil (1820), onde permaneceu por cinco anos, desfrutando daquela magnífica arquitetura natural e desdobrando-se para corresponder à rígida disciplina da época. Sua frágil compleição e sua saúde oscilante foram pouco a pouco se revestindo de vigor e constância. No Caraça, teve seu próprio irmão Tobias como "anjo" ("apostólico" mais experiente que se ocupava em transmitir aos novatos as normas e costumes da casa). Com o passar dos anos, o próprio Vicente seria designado anjo de outro apostólico recém-chegado: José Elias Chaves (†2006), que, em futuro ainda longínquo, viria a ser seu Visitador Provincial (1970-1979) e, pouco depois (1980), bispo da Prelazia de Cametá (PA). Dom Chaves foi outro homem de Deus, que se destacou por seu zelo missionário e entranhado amor aos pobres, vivendo e trabalhando na Amazônia brasileira.

Em 1943, o jovem Vicente seguiu para Petrópolis (RJ), onde ingressou no Seminário Interno (nome dado ao Noviciado da Congregação da Missão), sob a orientação de santos e sábios formadores, que lhe permitiram assimilar mais profundamente o espírito que o insigne fundador quis imprimir em seus Padres e Irmãos da Missão: "O estado dos missionários" – dirá São Vicente – "é um estado conforme às máximas evangélicas, que consiste em tudo deixar e abandonar, como os apóstolos, para seguir Jesus Cristo e fazer, à sua imitação, o que convém" (SV XI, 1). Servia-lhe de apoio a regularidade com que acorria ao sacramento da

Reconciliação e à direção espiritual, verdadeiros impulsos de seu percurso vocacional. Era o período da Segunda Guerra Mundial. Como país aliado, o Brasil devia arregimentar jovens rapazes para uma eventual participação nos embates. Ainda no segundo ano de Seminário Interno (1944), aos 17 anos, Vicente recebeu a convocação para o serviço militar ou Tiro de Guerra, tendo que se submeter a extenuantes treinamentos, realizados em geral à noite. Felizmente, com o fim da guerra (1945), foi-lhe dado retomar sua rotina habitual de oração e estudo. Também no seminário lazarista de Petrópolis, estudou Filosofia e Teologia, preparando-se de modo mais imediato para o sacramento da Ordem. Nesta mesma casa de formação, o jovem Vicente Zico permaneceu por oito anos contínuos, sem períodos de férias. No dia 22 de outubro de 1950, depois de intensa e extensa preparação, foi ordenado presbítero, juntamente com seu colega e amigo, Padre Francisco Xavier da Silva (†2002). A solene cerimônia teve lugar ali mesmo, na capela do seminário de Petrópolis, pela imposição das mãos de Dom José Marcos de Oliveira (†1989), então bispo auxiliar do Rio de Janeiro. Eram três agora os irmãos Zico investidos do sacerdócio de Cristo, e todos membros da *Pequena Companhia* de São Vicente. Na primeira missa celebrada em sua terra natal, o neossacerdote foi assistido por Padre Belchior e Padre Tobias, deixando marejados os olhos atentos de seus pais.

Dotado de virtudes e competências para a formação do clero, as primeiras colocações do Padre Vicente fizeram-no passar por distintos seminários, tanto de grandes dioceses (São Luís e Fortaleza) quanto da própria Congregação (Fortaleza e Petrópolis), atuando como professor, ecônomo, diretor espiritual, prefeito de estudos, reitor e superior. Por onde passava, a todos edificava por sua bondade, retidão, sabedoria, modéstia, equilíbrio, sensatez e bom humor. Suas qualidades humanas e sua têmpera presbiteral se mostraram particularmente relevantes naquele período de turbulentas adequações das estruturas eclesiais, cujo evento emblemático foi o Concílio Vaticano II (1962-1965). Exerceu também os ofícios de conselheiro e secretário de sua Província. Depois, passou dois anos em Paris, residindo na Casa Mãe da Congregação e estudando Teologia Pastoral no *Institut Catholique* (1969). Soube aproveitar essa oportunidade que a Congregação lhe deu para aperfeiçoar seu conhecimento da língua francesa. Voltando ao Brasil, convalidou seus estudos filosóficos (1973) e encarregou-se novamente da secretaria provincial, somada agora à redação do boletim informativo, serviços desempenhados até 1974. Na verdade, o Padre Visitador (Provincial) planejara para ele a direção do Seminário Interno, mas não havia seminaristas de que se ocupar no momento. A ventania pós-conciliar ainda soprava forte. E as rupturas produzidas no interno da Província resultaram em fragmentação e dispersão.

Eleito delegado para a Assembleia Geral de 1974, Padre Vicente Zico foi escolhido para ocupar o cargo de assistente-geral. E o fez com sua habitual disponibilidade, feliz por estar inteiramente a serviço da Congregação que o acolheu e preparou para o serviço do Reino. Ao longo de seis anos, trabalharia ao lado do Padre J. Richardson (†1996) e, por alguns meses, junto ao Padre R. McCullen (†2015), pelos quais nutria incontida estima e admiração. No desempenho de seu encargo, Padre Zico haveria de percorrer vários países, visitando os coirmãos e animando-os na missão de evangelizar os pobres e formar o clero e os leigos, segundo a inspiração do fundador da Missão. Não são poucos os que, ainda hoje, guardam a grata lembrança de sua presença qualificada e de sua palavra esclarecida nas Províncias por onde passou.

O que fica para nós deste período inicial da vida de Dom Vicente é a sua capacidade de harmonizar os aspectos constitutivos de sua vocação específica: homem de intensa vida interior, cotidianamente exercitada na oração e na liturgia; coirmão simples, alegre e respeitoso, cuja cordialidade iluminava e alentava a vida em comunidade; missionário abnegado e sacerdote generoso, verdadeiramente dedicado a tudo o que lhe cabia fazer, em atenção às solicitações da Congregação que ele tanto amava. O que se dizia do Senhor Jesus pode ser aplicado sem rodeios à pessoa de Dom Zico: "Ele fez bem todas as coisas" (Mc 7,37). Parecia ter gravado em seu coração, com letras de ouro, o que aprendera de seu fundador: "Bem-aventurados os que empregam todos os momentos de sua vida a serviço de Deus" (SV XI, 364). Não foi sem razão que, certa vez, já como arcebispo emérito, em um retiro para o clero, Dom Vicente afirmou: "O padre que não é animado de sincero amor não terá zelo em comunicar, com o coração dilatado pelo ardor e pela unção, a Boa-Nova da Salvação" (CS, p. 27).

Episcopado e atuação pastoral

Dom Vicente Zico foi um bispo lapidado pelo Concílio Vaticano II: um autêntico pastor, de indescritível envergadura espiritual e incansável zelo apostólico, repleto de amor à Igreja, sempre a serviço de seu povo. Do início ao fim de seu ministério episcopal, ancorado no tríplice múnus de ensinar, santificar e governar, personificou a descrição feita pelo Concílio, ao recomendar que "o bispo tenha sempre diante dos olhos o exemplo do Bom Pastor que veio não para ser servido, mas para servir e dar a vida por suas ovelhas" (*Lumen gentium*, n. 27). Com efeito, nas meditações de Dom Vicente sobre o Ano Paulino (2008-2009), encontramos esta convicção: "Nosso ministério, nós o exercemos, não como quem domina o rebanho ou lhe impõe suas vontades, mas como quem mostra estar a seu serviço, apascentando com amor e dedicação" (CS, p. 36). Vejamos como tudo isso se processou nos quase trinta e cinco anos de seu episcopado.

Em 5 de dezembro de 1980, a nomeação de Padre Vicente Joaquim Zico para arcebispo coadjutor de Belém o surpreendeu em Roma, na Cúria da Congregação, onde dava prosseguimento à sua missão no Conselho Geral. "Por que Belém do Pará?", questionou-se. "Por que começar o episcopado como arcebispo de uma Igreja particular tão vasta e importante?", perguntou-se ainda. Insondáveis desígnios da Providência, inscritos apenas no coração de Deus. Restava-lhe, pois, obedecer, confiar e entregar-se. Não lhe faltaria a graça da fé a iluminá-lo e conduzi-lo.

Padre Vicente Zico recebeu a ordenação episcopal das mãos do Papa João Paulo II, na Basílica de São Pedro, juntamente com outros dez novos bispos: um argentino, um nigeriano e oito italianos. Era o dia 6 de janeiro de 1981. Ao lado do Santo Padre, achava-se seu irmão, Dom Belchior Neto, há muitos anos bispo de Luz. Outros familiares também se deslocaram do Brasil para participar da solene celebração. Dom Zico gostava de lembrar que, terminada a cerimônia, o Papa convidou os novos bispos a descerem com ele ao túmulo de São Pedro, na cripta da Basílica, sob o chamado altar da Confissão. Ali, o Pontífice e os onze se puseram de joelhos e rezaram em contrito silêncio por mais ou menos cinco minutos. Já como metropolita do Pará, em duas visitas *ad limina*, Dom Vicente teve a felicidade de presidir a Eucaristia naquele mesmo recinto sagrado, na companhia dos bispos do Regional Norte 2 da CNBB (Conferência Nacional dos Bispos do Brasil).

O lema episcopal escolhido por Dom Vicente Zico (*Cum Maria Mater Iesu*) exprime seu amor para com a Mãe do Senhor e sua disposição de abraçar a piedade mariana do povo paraense. De fato, em Belém, há mais de dois séculos, realiza-se o *Círio de Nazaré*, uma das maiores festas marianas do mundo, que reúne anualmente em torno de 2 milhões de pessoas, no segundo domingo de outubro. A cada ano, fazendo a pé todo o percurso da procissão, Dom Vicente se unia às esperanças de seu povo, colocando-o "nos braços maternais daquela que carrega todas as dores do mundo, aquela que é infinitamente bela, porque infinitamente boa", como dizia Charles Péguy (†1914), místico e poeta francês, cuja trajetória de conversão nosso bispo tanto apreciava.

O Círio da Virgem de Nazaré tornou-se uma das grandes paixões do coração paraense de Dom Zico. Escreveu, certa vez, que "o objetivo principal do Círio é justamente o encontro com Nosso Senhor, por meio de Maria, com o intuito de inspirar a vivência do amor, da justiça, da fraternidade" (EP, p. 70). Dentre suas incontáveis iniciativas no contexto do Círio, encontra-se a de levar pessoalmente, todos os anos, a imagem de Nossa Senhora aos presídios, sinalizando a solicitude da Igreja para com os irmãos encarcerados: "Vocês não foram esquecidos por nossa Mãe. Ela está intercedendo sempre em favor de vocês", dizia-lhes o bom pastor. Em seus catorze anos como arcebispo metropolitano, Dom Vicente criou os seguintes temas para o Círio, em geral associados a eventos eclesiais, como o Jubileu do Ano 2000 e a Campanha da Fraternidade promovida pela Igreja no Brasil:

1992 – Com Maria, testemunhando Jesus Cristo.

1993 – Maria, estrela da nova evangelização.

1994 – De Belém de Judá a Belém do Pará, a família se espelha em Maria.

1995 – Com Maria, a esperança de um mundo irmão.

1996 – Com Maria, Mãe de Jesus, um povo organizado, próspero e feliz.

1997 – Com Maria, na estrada de Jesus, rumo ao Novo Milênio.

1998 – O Espírito nos una num só corpo, com Maria, Mãe de Jesus.

1999 – Por Maria, entregamo-nos confiantes à misericórdia do Pai.

2000 – Belém, com Maria, abre tuas portas a Jesus Salvador.

2001 – Ser Igreja, com Maria, no Novo Milênio.

2002 – Jesus Cristo, por Maria, sempre mais conhecido, amado e seguido.

2003 – Honrar a Virgem de Nazaré, contemplando os mistérios da vida de Jesus.

2004 – És filha, esposa e mãe de Deus que é Uno e Trino.

Quando de sua ordenação episcopal, a Arquidiocese com a qual Dom Zico haveria de firmar sua aliança, situada no coração da Amazônia brasileira, era-lhe ainda desconhecida, mas desde já profundamente amada por seu novo pastor. E para lá se dirigiu, transbordante de ardor missionário, ansioso por servir. Belém, "Casa do Pão", seria doravante a sua casa. E o seria por toda a vida, até o fim de seus dias. A Amazônia é uma região rica em sua biodiversidade: rios caudalosos, matas virgens e fauna diversificada compõem o majestoso cenário que emoldura a histórica cidade de Belém, capital do Estado do Pará. Trata-se também de uma região de imensos contrastes sociais, extremamente carente de recursos e amplamente explorada em suas riquezas naturais. Ali, Dom Vicente encontrou uma realidade a um só tempo deslumbrante e desafiadora, um verdadeiro mosaico de culturas, cercado de muitos rostos de pobreza, com áreas de grande densidade populacional e periferias em situação de abandono. Um apelo contundente à caridade pastoral e à missão evangelizadora que haveriam de assinalar sua atuação de bispo vicentino, cuja predileção pelos pobres se manifestaria em suas preocupações e iniciativas. É de sua lavra este pensamento: "No campo da caridade, para São Vicente, não é suficiente fazer muito. Importa fazer sempre mais. É que, conforme ele mesmo, 'a caridade é criativa até o infinito'" (CS, p. 34).

Tal pai, tal filho! Na escola de seu fundador, Dom Vicente parecia ter muito claro que a caridade que pulsava em seu coração não era apenas um tesouro a conservar, mas uma vida a consumir, uma semente a lançar, um fogo abrasador cuja chama é o zelo pelo bem e a salvação de seus irmãos. E assim foi em sua vida: "Quando a caridade habita numa alma, toma conta de suas potências, jamais descansa. É um fogo que arde sem cessar" (SV XI, 132).

Por ocasião da chegada de Dom Zico, em março de 1981, o arcebispo metropolitano de Belém era Dom Alberto Gaudêncio Ramos (†1991), a quem o Padre Vicente já tinha conhecido, em 1976, na qualidade de assistente-geral da Congregação, ao visitar seus coirmãos da Paróquia de São Raimundo Nonato, em um bairro da capital paraense. Na oportunidade, Dom Alberto comentara que estava aguardando a nomeação de seu coadjutor. Ambos não podiam saber o que prenunciava aquele encontro meramente protocolar... Por este seu predecessor, Dom Vicente nutrirá sempre grande respeito e consideração. Dom Alberto fora nomeado bispo aos 33 anos. Depois de dez anos em Manaus, passou mais de trinta anos como arcebispo de Belém, terra em que nascera. Como seu coadjutor, Dom Zico se manteve sempre ao lado de Dom Alberto Ramos, com a lealdade de um amigo e a solicitude de um irmão, até o último suspiro de sua peregrinação terrena, quando, combalido por pertinaz enfermidade, se entregou definitivamente ao Senhor, edificando a todos por sua fortaleza de ânimo.

Em Belém, encontrava-se também, na condição de bispo auxiliar, o norte-americano Dom Tadeu Prost (†1994), da Ordem dos Frades Menores. A Dom Tadeu, infatigável benfeitor da Arquidiocese, Dom Vicente se vincularia por incontida admiração e indeclinável confiança. Na pessoa humilde e abnegada desse bispo franciscano, descobriria o experimentado confessor de todas as semanas, o conselheiro sensato e o amigo fiel de todas as horas. O testemunho é do próprio Dom Zico:

> O querido e saudoso Dom Tadeu Prost, além de ter sido um dedicado auxiliar e eficiente ecônomo, ajudava-me muito em meu sacerdócio e em minha vida espiritual. Financeiramente, era quase um baluarte: recorria a seus inúmeros amigos nos Estados Unidos, que o ajudavam de muitas maneiras. Um "garimpeiro de Deus", como gostava de chamá-lo. Eu o admirava imensamente e conviver com ele foi uma bênção e motivo de alegria para mim (FV, p. 84).

Tendo se tornado emérito, Dom Tadeu regressou à sua pátria, onde lhe foi possível atender melhor os reclamos de sua saúde debilitada. Em duas distintas oportunidades, Dom Vicente foi a Chicago visitar o velho amigo, levando-lhe o abraço agradecido e reconfortador de toda a Arquidiocese.

Somente nove anos após sua chegada, em 1990, Dom Vicente se tornou o oitavo arcebispo titular de Belém. Era o dia 4 de julho. Desde o início, porém, em pacífica cooperação com seu predecessor, iniciara seu fecundo ministério, visitando as paróquias, dinamizando a pastoral e revitalizando a formação no seminário. Seu temperamento prudente, afável e conciliador foi angariando a simpatia e a confiança do clero e de todo o povo de Deus. "Há muito não se tinha em Belém alguém tão popular, de fácil diálogo e livre trânsito em todos os setores sociais. Onde ele aparece, o povo o procura", dirá um sacerdote. Particularmente, sabia aproximar-se dos pobres e das pessoas mais simples com indescritível leveza, percorrendo a pé os bairros da periferia da cidade, visitando hospitais, prisões, asilos etc. Ficou conhecido como "Dom Zico", o bispo sorridente, educado e atencioso, que a todos estendia a mão, acolhia, escutava, orientava e abençoava.

São inúmeros os testemunhos de pessoas beneficiadas pela presença cativante, pela palavra cálida e pela ajuda eficaz de Dom Vicente, "brisa suave do Paráclito que soprou na Arquidiocese no momento certo", como testemunhou uma colaboradora leiga. Não é à toa que o povo paraense o venera. Ele mesmo costumava se emocionar ao narrar algumas histórias dos encontros com sua gente, como aquela iniciativa espontânea de um homem da periferia de Belém, que, depois da visita que o arcebispo fizera à sua comunidade, chamada Terra Firme, escreveu com carvão na parede de uma casa construída sobre terreno alagadiço: "Rua Dom Zico". Em uma de suas passagens por Recife (PE), Dom Vicente contou a história a Dom Helder Camara (†1999) que, entre lágrimas, declarou ter sido essa "a maior homenagem que ele poderia ter recebido como filho de São Vicente de Paulo". E Dom Vicente gostava de repeti-lo, concordando plenamente. A lembrança nos remete ao que escreveu, em uma de suas obras, o mesmo Péguy, afirmando que os filhos “estão sempre na memória, no coração e no olhar dos pais, como seu mais precioso tesouro”. Assim estavam os pobres na vida de Dom Vicente Zico: gravados em sua memória, impressos em seu coração, guardados em seu olhar, como joias de altíssimo valor.

Com a nomeação de Dom Zico, a Arquidiocese de Belém ganhou notável impulso, alinhando-se com o espírito de comunhão e participação disseminado pelo Vaticano II. Dirá, então, o pastor, como que resumindo sua visão de Igreja: “No corpo místico de Cristo, somos membros uns dos outros. Todos devemos ajudar-nos mutuamente para a vida e a beleza do corpo” (CS, p. 37).

Dom Vicente sabia valorizar e estimular as pessoas que tinha perto de si, divisando o que havia de melhor em cada uma e tecendo uma grande rede de colaboradores entre bispos, padres, religiosos e leigos. A quantidade e a qualidade de suas realizações demonstram a fecundidade de seu pastoreio. O cotidiano do arcebispo era feito de encontros, tanto nas comunidades regularmente visitadas quanto nos atendimentos diários na Cúria e em sua residência. Em seu esforço de revitalização das estruturas arquidiocesanas, trabalhou na elaboração e execução de dois Planos de Pastoral, ambos bem-sucedidos, com muitos frutos para o caminho daquela Igreja particular. Dividiu a Arquidiocese em regiões episcopais, estimulou a atuação dos conselhos pastorais, dinamizou a catequese em todos os níveis, investiu na formação inicial e permanente do clero, cuidou da fraternidade presbiteral, promoveu a capacitação dos leigos, aprimorou o diaconato permanente, incrementou a animação missionária (particularmente, através das Santas Missões Populares), ampliou os espaços de atuação da Vida Consagrada, dedicou atenção aos casais e às famílias, incentivou o protagonismo dos jovens, implementou a Pastoral Universitária, fez nascer ainda o Centro de Cultura e Formação Cristã (CCFC), fomentando o diálogo da Igreja com o mundo contemporâneo. No campo da comunicação, que lhe era tão caro, otimizou o periódico semanal *Voz de Nazaré*, fundou uma emissora de rádio e um canal de TV, constituindo, assim, a Rede Nazaré de Comunicação. Zelou pela conservação do patrimônio da Arquidiocese e tornou-a autossustentável. Criou muitas paróquias, construiu igrejas e casas paroquiais nas periferias e restaurou edifícios históricos. Consolidou o *Círio de Nazaré* como uma ocasião privilegiada de evangelização a partir de pequenos grupos. Interveio na situação dos presídios para assegurar aos presos um tratamento mais digno, influenciando decisivamente no nascimento da Associação de Proteção e Assistência Carcerária (APAC).

Dom Vicente não era homem de vanguarda no que tange ao social, mas sua extraordinária sensibilidade humana o levava a intervir com discernimento e vigor nas situações que requeriam sua palavra e sua presença, sobretudo quando se tratava de promover os mais necessitados e as vítimas de injustiça. Como exemplo, vale resgatar seu profético "pronunciamento sobre a situação social e econômica do Pará", de 1997, que tanto impacto provocou entre os poderes públicos. Com efeito, todas as iniciativas de Dom Zico brotavam da nascente de seu coração paternal e de sua identificação com o povo paraense, que o acolheu com docilidade e que mantém límpida e palpitante sua memória.

A partir de 1996 e até o fim de seu profícuo pastoreio em Belém, Dom Vicente contou com a colaboração direta de um bispo auxiliar por ele mesmo ordenado. Trata-se do italiano Dom Carlos Verzeletti, antes missionário na diocese de Bragança (PA). Atualmente, Dom Carlos é o bispo da diocese de Castanhal (PA), cuja criação, em 2004, pelo Papa João Paulo II, deve-se, em grande medida, à intuição pastoral de Dom Zico. Homem de horizontes vastos e capacidade empreendedora, Dom Carlos trabalhou incansavelmente para concretizar projetos sociais e iniciativas evangelizadoras concebidos em comunhão com seu arcebispo, em quem reconhece o pai espiritual que a Providência lhe deu. Naquele contexto de imensos desafios, a perfeita sintonia entre o arcebispo e seu bispo auxiliar assegurava à Arquidiocese um novo elã apostólico, feito de sabedoria e criatividade, podendo-se falar em um "pastoreio sincronizado", munido de grande afinidade espiritual, que dava solidez a todos os projetos e realizações. Isso se visibilizava particularmente nos campos da cultura, ação social, comunicação, atenção às cidades do interior, criação de novas paróquias, formação do clero e dos leigos etc. E Dom Vicente não deixava por menos, ao se referir a este cooperador de escol, irmão e filho muito estimado:

> Nosso Senhor me proporcionou igualmente uma grande bênção e muita alegria em ter como meu bispo auxiliar Dom Carlos Verzeletti. Ele realizou na Arquidiocese um trabalho admirável e dinâmico. Convivemos e somos realmente irmãos e amigos (FV, p. 63).

Desde sua chegada a Belém, Dom Vicente dizia encontrar consolação e estímulo no carinho que seu povo lhe devotava, sobretudo nos momentos de maior insegurança e apreensão.

> O povo me proporcionou grandes alegrias: é povo aberto e bom. Sempre me teve muita atenção e carinho. Ajudou-me muito em minha missão, pela maneira como sempre me tratou. Eu lhe sou imensamente grato. Houve sofrimentos, não nego, mas, muito mais que sofrimentos, o que o povo me deu foram as alegrias que me proporcionou e ainda me proporciona (FV, p. 97).

É certo que a Dom Zico não faltaram circunstâncias marcadas por incompreensões e adversidades, inclusive da parte de membros do clero. A tudo, porém, sabia encarar com sua proverbial serenidade, sem jamais ofender ou desprezar a quem o difamasse, e amadurecendo na oração sua disposição de sempre perdoar. Carregava a certeza de que o pastoreio, como "caminho de amor", era também "um caminho de ascese, de purificação, de renúncias" (CS, p. 32). Por isso, sabia suportar com caridade as fraquezas dos irmãos, sem jamais deixar de fazer grandes coisas por Deus e pelo povo que lhe fora confiado. Era, de fato, um homem de coração puro, consciência reta e conduta transparente, desprovido de asperezas, revoltas e invejas. Seu irmão, Dom Belchior, deixou consignado em uma poesia, intitulada "Árvores apedrejadas", o que Dom Zico parecia ter gravado com letras de ouro em sua alma:

> Enxuga a lágrima que te angustia!
> Melhor guardá-la para quando, um dia,
> a dor vier de mais pungentes lutas.
> Quantas dores na vida, inesperadas!
> Consola-te! Só às árvores com frutas
> é que o passante atira-lhes pedradas.

A atuação de Dom Vicente não se restringiu ao território de sua amada Igreja particular. Já em 1984, ainda como coadjutor, credenciado por sua larga experiência na formação do clero, foi nomeado pela Santa Sé Visitador Apostólico dos seminários dos Regionais Nordeste 2 e Nordeste 4 da CNBB, tendo, por isso, que se deslocar para diferentes estados, estabelecer diálogos, confirmar posições, corrigir procedimentos, relatar impressões e apaziguar conflitos. Como responsável pela dimensão missionária junto à mesma CNBB, trabalhou com afinco para despertar e ampliar a consciência missionária entre as numerosas dioceses do Brasil, além de ter viajado por sete países africanos em visita a missionários brasileiros. Integrou a comissão missionária do Conselho Episcopal Latino-Americano (CELAM) e foi escolhido para a Pontifícia Comissão para a América Latina (CAL). Em todas essas instâncias, pôde sedimentar e partilhar sua convicção de que "a autenticidade da Igreja está em sua índole missionária" (CS, p. 79). Em 1994, participou como delegado da IV Conferência do Episcopado Latino-Americano, em Santo Domingo.

Todas estas atribuições exigiam de Dom Vicente frequentes viagens internacionais, como aquela feita ao Canadá com a finalidade de tornar conhecidos os apelos missionários que ressoavam do Norte e do Nordeste do Brasil. Seu coração, porém, permanecia em Belém, e nada desviava seu olhar da Igreja confiada a seus cuidados de pastor. Quando questionado a respeito dessas viagens, dizia que "o melhor mesmo era poder voltar para Belém". Esta sua apaixonada identificação com a capital paraense ficou para sempre registrada neste seu escrito de sabor poético, datado de 12 de janeiro de 1999:

> Querida Belém, no dia de teu aniversário, queria te abraçar, com as forças de meus frágeis braços, e manifestar todo carinho, afeto, amor e respeito que tenho por ti. Como um de teus filhos, amo-te com o mais simples e mais puro dos amores, espelhado nas águas de tua baía e de teus rios, iluminado pelos raios cor de ouro de tuas manhãs, banhado e purificado pela generosa chuva de teus dias. Minha Belém querida, parabéns pelo teu dia. E que Deus te seja propício e generoso (FV, p. 56).

Em 2002, tendo completado setenta e cinco anos, Dom Vicente Zico apresentou ao Santo Padre o pedido de renúncia ao governo pastoral da Arquidiocese, conforme as disposições do Código de Direito Canônico. Só em 2004, contando já com setenta e sete anos, teve seu pedido aceito por João Paulo II, o mesmo pontífice que o nomeara e ordenara bispo em 1981, o único Papa a quem fizera quatro visitas *ad limina apostolorum*, das quais guardava vívidas lembranças. Tendo passado o cuidado pastoral da Arquidiocese a seu sucessor, Dom Orani João Tempesta, Ocist., no dia 8 de dezembro de 2004, Dom Zico desejou retornar ao seio da Congregação a que pertencia. Solicitou ao Visitador de sua Província de origem que o colocasse em uma de nossas Casas. Ficamos todos muito contentes com a alvissareira notícia de sua vinda para o nosso meio. Seu sucessor, porém, quis tê-lo perto de si, insistindo para que Dom Vicente permanecesse em Belém, na mesma casa em que sempre morou, prometendo pedir ao povo que se manifestasse, caso o arcebispo emérito não aceitasse o convite. Dom Zico resolveu ficar. E o novo arcebispo se tornou seu grande amigo. Vale a pena citar aqui o que escreveu o já Cardeal Tempesta, por ocasião do falecimento de Dom Vicente:

> Convivi, dentro da mesma residência, com Dom Vicente desde a minha nomeação para Belém. Um grande amigo e fraterna presença! Agora, que ele volta ao Pai carregado de tantas boas obras, deixa saudades, pois sempre foi um belo exemplo de pastor! Sua voz continuará ressoando vigorosa nos corações que o ouviram falar apaixonadamente sobre Cristo, a Igreja e Nossa Senhora de Nazaré. Que receba a recompensa de uma vida doada a Deus e a seu povo. Repouse em paz, bravo e santo homem de Deus! Os dons que Dom Vicente Zico recebeu de Deus serviram como canal de graça para tantas pessoas no decorrer de sua vida! Ele foi um autêntico servidor do Evangelho de Jesus Cristo (...). Eu, de certa maneira, herdei os frutos do trabalho episcopal de Dom Vicente, seu zelo, sua dedicação, sua simplicidade, sua jovialidade, sua alegria de pregar a Palavra de Deus e seu testemunho de bom pastor que conheceu suas ovelhas e as chamou pelo nome. Sua devoção especial a Nossa Senhora de Nazaré e suas pregações empolgantes, em que exalava, em sua voz grave, aquilo que ele vivia genuinamente,

> emocionavam a todos. Ele, simplesmente, antes de tudo, foi um sacerdote, um religioso, que viveu a fidelidade do Evangelho com muita simplicidade e grande devotamento. Sorridente, sempre pronto para ouvir e para acolher, convivemos como irmãos. Não houve uma rusga entre nós, sequer um desentendimento. Dom Vicente sempre presente em todos os momentos da vida da Arquidiocese (...). Foi pelo testemunho de sua vida que pude presenciar, durante nossa convivência em Belém do Pará, o quanto ele era alegre, o quanto era santo, seu extremo zelo por tudo da Igreja. Dele, guardo esta figura de santidade, esta alegria em ser santo.

Com a transferência de Dom Orani para a Arquidiocese do Rio de Janeiro e a nomeação de Dom Alberto Taveira Corrêa para arcebispo de Belém, em 2009, repetiu-se o mesmo apelo à permanência de Dom Vicente. Novamente, ele não hesitou em ficar, agradecido pela possibilidade de continuar na terra que adotara como sua e entre o povo que o tinha cativado de uma vez para sempre. Deixemos a palavra a este seu segundo sucessor, também ele grato ao Senhor por tudo o que significou a convivência com aquele a quem dera a alcunha de "Anjo da Igreja de Belém":

> Tudo na vida de Dom Vicente era feito de espontaneidade, brotando de dentro como fonte de água viva. Rezar, estudar, sorrir, relatar histórias jocosas, sair para pescar numa fazenda, nada era artificial ou forjado! (...). Quando pareceriam negativas as atitudes das pessoas, sempre punha em relevo o bem! E sua humanidade era ainda marcada por estrita lealdade à Igreja e às pessoas, marcas de um caráter bem formado (...). Anjo que se preze sabe ser mensageiro do dono da boa notícia! E Dom Vicente estudava muito, incansável no desejo de se aperfeiçoar.

Rezava cada homilia feita, nunca perdia tempo. A fidelidade em seu dia a dia fazia pensar num regulamento gravado no coração, como se fosse o seminarista dos primeiros anos, ou o jovem do Tiro de Guerra de sua juventude, metódico, com o horário organizado para cada atividade. Era possível até anotar numa agenda tudo o que o víamos fazer. Nunca faltou a vida de oração, com Missa, Liturgia das Horas, Rosário, Meditação. Na madrugada que precedeu sua partida para junto de Deus, pediu ao seu querido e fiel "escudeiro" Hosélio o *tablet* para rezar a Liturgia das Horas. De manhãzinha, quis conferir na agenda os compromissos assumidos, para que as pessoas fossem avisadas sobre o eventual adiamento dos mesmos. Fiel até o fim! Soube cultivar devoção consistente a Nossa Senhora, realizando o lema escolhido para seu episcopado, "Com Maria, Mãe de Jesus" (*Cum Maria Mater Iesu*). E aquele que quis viver a modo de Maria debaixo dos braços da cruz, "Todo teu", São João Paulo II, que o ordenou bispo, foi seu exemplo e referência. Tive a alegria de conduzir Dom Vicente a Roma para a beatificação e depois para a canonização de João Paulo II, carregando com santo orgulho este privilégio de estar com ele no reconhecimento da santidade do grande Papa. Dom Vicente foi confessor, conselheiro admirável de sacerdotes, religiosos, leigos e leigas, todos edificados com a precisão de suas orientações. Dos ministérios de arcebispo emérito, vinham à tona em sua vida duas atividades constantes, o diálogo pastoral e a preparação de casais para o Matrimônio e o atendimento aos doentes, em casas e hospitais. Não conseguiria descrever de forma exaustiva o que Dom Vicente Zico foi para mim e para a Igreja de Belém, e muitas pessoas nos ajuda-

> rão a fazê-lo. Apenas concluo, testemunhando o último diálogo que tivemos, ainda no hospital, quando me coube a missão de anunciar-lhe a gravidade de seu quadro de saúde e prepará-lo para o encontro definitivo com o Senhor. Recordei-me da palavra do Apocalipse: "Ouvi, então, uma voz vinda do céu, que dizia: 'Escreve: ditosos os mortos, os que desde agora morrem no Senhor. Sim, diz o Espírito, que eles descansem de suas fadigas, pois suas obras os acompanham'" (Ap 14,13). Quando lhe fiz o anúncio, a conversa se concluiu com uma palavra de fogo, verdadeiro testamento: "Não tenho receio de partir para a eternidade. Amei a Nosso Senhor de todo o coração". Este é o presente que a Igreja de Belém entregou ao céu! Deus seja louvado!

Os anos de bispo emérito de Dom Vicente foram de impressionante fecundidade, fazendo lembrar o Sl 92,5: "Mesmo no tempo da velhice darão frutos, cheios de seiva e de folhas verdejantes". Intensificou sua vida de oração, prolongando os momentos de recolhimento contemplativo e aprofundando sua amizade com o Senhor; atualizou-se teologicamente, selecionando leituras de autores renomados, retomando os documentos conciliares e pontifícios, fazendo apontamentos para inspirar suas preleções; dedicou-se à orientação espiritual e à pregação de retiros, especialmente para o clero de muitas dioceses e para congregações as mais diversas; manteve a apresentação de programas de rádio e TV; atendeu a inúmeros convites para conferir o sacramento da Ordem dentro e fora da Arquidiocese; continuou muito requisitado para celebrar Crismas e festas de padroeiros em paróquias e comunidades. Ninguém era capaz de adivinhar que Dom Zico trazia um marca-passo em seu peito de jovem ancião! Com autoridade, Dom Vicente poderá dizer: "Há tanto por fazer, são tantos os apelos de Deus à nossa consciência sacerdotal, que permanecer acomodado em nosso eu, 'muito ocupado em nada fazer' (2Ts 3,11), seria uma falha vergonhosa, um escândalo" (CS, p. 30). As múltiplas solicitações recebidas tornaram sua rotina de arcebispo emérito laboriosa e frutífera. E nada mais fácil de entender. Quem não queria ter Dom Zico por perto? Quem não se sentia cativado por sua bondade, sabedoria e santidade? Quem não apreciava sua capacidade de falar *ex abundantia cordis*, adaptando-se à condição de seus ouvintes, sem faltar com a profundidade e a beleza? Um padre, colaborador muito próximo, certa vez, afirmou: "Dom Vicente, calado, já nos fala. Falando, nos encanta".

Verdadeiramente impressionante era o cuidado de Dom Vicente em preparar suas homilias diárias, centrando-se na Palavra de Deus e inspirando-se na Oração (Coleta) proposta pelo Missal. Guardo como relíquias alguns de seus rascunhos e apontamentos deixados em nossa Paróquia São José do Calafate, em Belo Horizonte (MG), onde costumava se hospedar. O método adotado por nosso bispo era muito simples e eficaz:

> Levo a sério a homilia. Preparo até as homilias do dia a dia. Em primeiro lugar, vejo a necessidade de descobrir o que o texto fala para mim, alimentando-me do que vou transmitir. Em segundo lugar, tenho o cuidado de falar de tal maneira que possa ser escutado e compreendido, valorizando as imagens, que prendem mais a atenção das pessoas e atingem seus corações (FV, p. 66).

Em suas palavras, espelha-se a convicção de que a liturgia, a mesma de que um dia fora professor, em tudo o que a compõe, em seu "singelo esplendor", precisa mesmo ser "digna de Deus e do povo" (FV, p. 81). E como, ainda hoje, precisamos entender e praticar o que isso significa!

Por fim, um belo retrato desse bispo rico em humanidade pode ser descoberto em uma passagem do Decreto conciliar *Christus dominus*, sobre o múnus pastoral dos bispos na Igreja:

> Como encarregados de levar à perfeição, os bispos procurem fazer progredir na santidade seus clérigos, religiosos e leigos, segundo as diferentes vocações, lembrando-se da obrigação que têm de dar exemplo de santidade por meio da caridade, humildade e simplicidade de vida (n. 15).

Impossível encontrar retrato mais nítido do *pastor bonus* que foi Dom Vicente Joaquim Zico, reconhecido por sua grei como "o bom pastor que Deus, em sua misericórdia infinita, concedeu aos paraenses".

Principais aspectos de sua espiritualidade

Não há dúvida de que a primeira fonte da espiritualidade de Dom Vicente Zico foi a herança que ele recebeu de São Vicente de Paulo, através da Congregação da Missão. É o que se pode intuir facilmente, ao considerar a centralidade da pessoa de Jesus Cristo em sua vida e em seu ministério. Lição aprendida de seu fundador, que dizia: "Nada me agrada, a não ser em Jesus Cristo" (Abelly III, 120). Era em Cristo que Dom Vicente encontrava o referencial seguro de sua existência consagrada e de sua laboriosa entrega ao serviço de Deus e dos irmãos. Já na lembrança de sua ordenação presbiteral, fez que se imprimisse: "O sacerdote é um outro Cristo". Reportava-se com frequência à oração litúrgica do primeiro domingo da Quaresma como inspiração fundamental do agir cristão: "Concedei-nos, ó Deus onipotente, que, ao longo desta Quaresma, possamos progredir no conhecimento de Jesus Cristo e corresponder ao seu amor por uma vida santa". Em suas meditações sobre o Ano Sacerdotal (2009-2010), assim se expressou:

> Nós, padres, como os apóstolos, para seguir Jesus, devemos igualmente acolhê-lo, acompanhá-lo generosamente, abrir-nos a seus ensinamentos, encher-nos de entusiasmo por sua pessoa, adotar seu estilo de vida, tornar-nos verdadeiramente discípulos, segui-lo, afinal, fazendo de Jesus Cristo nossa vida (CS, p. 54).

Mais adiante, coloca em realce a compaixão de Cristo para com os pobres, outro acento da espiritualidade vicentina internalizado em sua vida de missionário e pastor:

> Rosto humano de Deus, Nosso Senhor se fez conhecido e foi admirado e querido do povo pela maneira como se mostrava atento à situação dos pobres, dos doentes, dos pequenos, dos aflitos, dos excluídos (...). Fazia parte de sua missão mostrar-se profundamente humano, coração compassivo (...). No seguimento de Jesus, o padre deve primeiramente dar testemunho de uma pessoa rica de humanidade (CS, p. 57-58).

Dessa radical identificação com o Senhor, Dom Zico colhia outro aspecto marcante de sua espiritualidade, sempre em consonância com o espírito de São Vicente: a confiança na Divina Providência. Nos registros de um retiro que pregou para nossos seminaristas lazaristas, por ocasião do Ano da Fé (2012-2013), descobrimos este testemunho: "Sou feliz por viver sentindo em minha pessoa a verdade do que dizia e escrevia São Vicente: 'Deixemo-nos conduzir pela Providência e tudo chegará a bom termo'". Essa confiança na Providência o fortaleceu ao longo de toda sua vida, tornando-o sempre mais generoso e disponível, fecundo em seus discernimentos e infatigável no dom de si.

Outra dimensão da herança vicentina que Dom Vicente assimilou em profundidade foram as cinco virtudes que São Vicente imprimiu na Congregação como traços indeléveis de sua fisionomia espiritual e missionária: "Procuremos entrar na prática destas cinco virtudes, como os caracóis em suas conchas, e façamos com que nossas ações transpirem estas virtudes. Será um verdadeiro missionário quem agir assim" (SV XII, 310). Com efeito, a vida de Dom Zico foi uma nítida transparência destas virtudes: sua cativante *simplicidade*, que o tornava acessível a todos, próximo aos pobres e ilibado em seus procedimentos; a *humildade* que não lhe permitia colocar-se como centro de suas buscas e atribuir a si mesmo o mérito de seus feitos; a *mansidão* que reluzia na placidez de seu semblante, em sua presença irradiadora de paz, em seus gestos de ternura e consolação; a *mortificação* exercitada nas provações, sobretudo quando via colocada sob suspeita a retidão de suas intenções, em sua disposição de perseverar até o fim no bem começado e jamais pagar o mal com o mal; o *zelo* que assinalava o cumprimento criativo de seus deveres, particularmente sua ação evangelizadora, e que o levava a fazer-se "tudo para todos" (1Cor 9,22).

Por tudo o que São Vicente de Paulo representou na definição de sua personalidade, não será demais reproduzir aqui um pequeno trecho de uma meditação feita por Dom Vicente no retiro que pregou para nossos irmãos de Congregação da Província de Fortaleza, por ocasião do Ano Jubilar dos 350 anos da morte de São Vicente de Paulo e Santa Luísa de Marillac (2010):

> Conhecer São Vicente significou para mim apreciá-lo e admirar-lhe a experiência espiritual, o gênio de sua caridade, seu zelo em favor dos pobres. E, assim, amá-lo profundamente. Como padre e mesmo na missão de bispo, continuei alimentando meus conhecimentos, familiarizando-me com São Vicente e sua espiritualidade. Pude falar e escrever bastante sobre nosso fundador e pai. Temos obrigação de conhecê-lo e torná-lo conhecido, tanto pelo afeto de filhos que nos anima quanto pela convicção de que ele, São Vicente, tem muito a falar ao mundo de hoje e à Família Vicentina em particular (CS, p. 85-86).

Outra chave de leitura da espiritualidade de Dom Zico é o seu brasão episcopal, no qual aparece sintetizado o conteúdo programático de seu ministério. Lado a lado, estão a Palavra e a Eucaristia: Palavra que Dom Vicente meditava com docilidade, esforçava-se por viver e pregava com humilde eloquência; Eucaristia diariamente celebrada, fulcro de sua vida e impulso de sua missão. A estrela sobre o fundo azul evoca a presença de Maria, Mãe de Jesus, modelo daqueles que o amam e o seguem, de cuja companhia Dom Vicente Zico jamais se apartou. A escolha do lema, inspirado em Atos dos Apóstolos 1,14, quis ser também uma homenagem a São João Paulo II, Papa que o nomeou bispo. As águas do rio representadas no brasão, por sua vez, aludem à Amazônia, lugar em que seu ministério se desenvolveu com abundantes frutos. As palavras com que Dom Vicente Zico se referiu a seu predecessor, no ano de 1991, serviriam para delinear seu próprio perfil:

> Quanto mais se identifica o bispo com os anseios e preferências do rebanho que ele pastoreia, mais se torna evidente que nele o Espírito Santo descobriu a vocação indispensável para o episcopado (EP, p. 24).

Dom Vicente nutria um amor apaixonado pela Igreja de Cristo, convencido que estava de que "a Igreja é um mistério que só se pode ver perfeitamente na fé e com amor, olhando-a a partir de dentro e com o coração" (CS, p. 77). Dizia que os documentos pontifícios que mais o tinham marcado e que maior eco encontravam em seu coração eram as duas Encíclicas de João Paulo II: *Redemptoris missio* (1990) e *Redemptoris mater* (1987). A primeira, sobre a validade permanente do mandato missionário, sedimentava seu ardor apostólico e sua caridade pastoral, confirmando sua convicção de ser a Igreja depositária e dispensadora da missão do Redentor. A segunda, sobre a Virgem Maria na vida da Igreja a caminho, oferecia-lhe o substrato teológico capaz de revitalizar e enriquecer sua espiritualidade mariana. Em toda sua trajetória pastoral, o que refulge é, sem dúvida, o absoluto primado de Deus em uma vida de doação e serviço, porque sempre mais enraizada no mistério de Cristo. Poderá, então, dizer a seus irmãos presbíteros:

> Homens de Deus, mais que tudo busquem o cultivo da vida espiritual: sejam homens de oração, de testemunho de valorização da graça de Deus. Em seus procedimentos, sejam testemunhas vivas de uma vida verdadeiramente entregue ou doada ao Senhor (CS, p. 59).

Dom Zico, a Congregação da Missão e a Família Vicentina

Mesmo depois de sua nomeação para o episcopado, Dom Vicente sempre se manteve estreitamente unido à sua Congregação. Sentia-se verdadeiramente feliz e agradecido por pertencer às fileiras da *Pequena Companhia* de São Vicente de Paulo. Interessava-se por tudo o que lhe dizia respeito, acompanhando seus percursos através da leitura assídua de seus periódicos e publicações. Certa vez, em sua residência de Belém, mostrou-me o livro das *Constituições e estatutos*, ao qual sempre voltava para sintonizar-se com o espírito de nossa vocação. Era admirável ouvi-lo falar de São Vicente e do carisma que nos legou. Com que veneração mencionava nosso fundador e os santos e bem-aventurados da Família Vicentina. Frequentemente, citava-os em seus escritos, alocuções e diálogos. Não perdia oportunidade de visitar nossas Casas e de estar com os coirmãos. Jamais recusava qualquer convite para celebrar nossas festas e ordenações. E não são poucos os missionários aos quais Dom Vicente impôs as mãos. Guardava muito viva a lembrança de seus tempos na Província e no Conselho Geral, recordando pessoas e acontecimentos. Os retiros que pregou para nós se tornaram memoráveis pela afinidade com a herança vicentina e pelo modo como a apresentava.

Também as Filhas da Caridade foram agraciadas pela solicitude fraterna de Dom Zico: orientação espiritual, retiros, celebrações, confissões, visitas etc. Inúmeras Irmãs dão testemunho do muito que receberam de seus desvelos. Lembro-me do que me disse, certa vez, uma jovem Irmã: "Quando me confesso com Dom Zico, saio com a impressão de que me tornei melhor do que era antes". Reflexo da habitual facilidade com que confortava e encorajava as pessoas que dele se acercavam.

Vale dizer ainda que o zelo de Dom Vicente pela Família Vicentina estendia-se também aos leigos e leigas que a compõem e que sempre encontraram na palavra e no exemplo desse pastor um ardoroso incentivo para a caridade missionária. Por fim, apraz-me citar o entusiasmo com que Dom Vicente vinha acompanhando a tradução das *Obras Completas de São Vicente*. De suas mãos, obtivemos o *imprimatur* para os quatro primeiros volumes. Dizia-nos de sua vibração ao saborear a sabedoria espiritual de nosso santo pai em nossa própria língua. E, no já citado retiro aos coirmãos da Província de Fortaleza, declarou:

> Ler ou ouvir São Vicente é um prazer e uma graça. São Vicente se mostra um verdadeiro mestre espiritual, simples, de grande clareza na exposição de seu pensamento, ricamente conciso, capaz de alimentar de sabedoria e entusiasmo o coração de seus filhos (CS, p. 84).

Um testemunho pessoal sobre Dom Vicente Zico

O que mais me impressionava na pessoa de Dom Vicente era sua incomum capacidade de harmonizar bondade e verdade, generosidade e retidão. Quanta coerência entre suas convicções, palavras e atitudes. Quanta lealdade em seu modo de proceder e se relacionar. Sua presença suave era uma nítida transmissão dos valores que norteavam sua conduta de homem de Deus. A integridade de uma pessoa pode parecer por demais árida se em seu íntimo não palpitar um coração magnânimo. Largueza de coração, sensibilidade humana, disponibilidade para ir ao encontro dos outros eram traços marcantes da personalidade de Dom Zico. Ele sabia ser ao mesmo tempo jovial e polido, próximo e prudente. Não se indispunha contra ninguém e jamais se permitia qualquer palavra arrogante ou gesto indelicado. Perto dele, todos se sentiam acolhidos, respeitados e valorizados, toda pessoa, desde a mais simples, sentia que podia ser mais e melhor. Foi assim nosso Dom Vicente: verdadeiro e bom até o fim de seus dias, como um rio cristalino no qual todos podiam saciar sua sede.

Outra característica de Dom Vicente que me edificava enormemente era sua identificação com sua vocação e seu ministério. Empolgava-se por ser vicentino, sacerdote e bispo. E dizia não saber viver de outro modo, a não ser segundo sua própria verdade. Com razão, poderia aplicar a si a afirmação do apóstolo: "Pela graça de

Deus, sou o que sou. E sua graça a mim dispensada não foi estéril" (1Cor 15,10). Não precisava buscar nada fora do horizonte de sua consagração, feita de contemplação e ação, oração e serviço. Tudo em sua vida estava repleto de fé e direcionado para a missão. No Brasil, temos um canto que diz assim: "Sou bom pastor, ovelhas guardarei. Não tenho outro ofício, nem terei. Quantas vidas eu tiver, eu lhes darei". Assim era nosso Dom Vicente. Não tinha outro ofício, outra satisfação e outra ocupação, a não ser aquilo que lhe ditava o encargo que lhe foi confiado como continuador da missão de Cristo e sucessor dos apóstolos. E, por isso, estava por inteiro em tudo o que fazia, e fazia bem tudo o que lhe competia fazer, imprimindo em tudo uma nota de sabedoria e santidade. Não foi à toa que um presbítero do clero de Belém declarou com propriedade: "Quando penso em seu exemplo de vida, sinto sempre um forte desejo de ser um padre melhor".

Parafraseando o Papa Francisco, a missão não era um "apêndice" na vida de Dom Zico. "A missão era sua vida" (*Evangelium gaudium*, n. 273). E o segredo de tudo isso, o mistério do coração de Dom Vicente, coração que jamais perdeu a pureza e a jovialidade, desvelou-se nas palavras dirigidas a seu sucessor, Dom Alberto Taveira, no limiar de sua peregrinação terrena, quando informado da irreversível debilidade de sua saúde: "Não tenho receio de partir para a eternidade. Amei a Nosso Senhor de todo o coração!".

Não posso deixar de recordar ainda a imerecida oportunidade que tive de acompanhar Dom Vicente em sua última viagem a Belém, onde, dias depois, o Senhor haveria de colhê-lo como fruto maduro para a eternidade. Ele tinha passado uma semana em Belo Horizonte, visitando seus familiares e coirmãos. Como sempre, hospedou-se em nossa Casa, alegrando-nos com a brisa suave de sua presença, participando de nossa vida comunitária, celebrando a Eucaristia diária em nossa paróquia e atendendo com sua costumeira afabilidade a todas as pessoas que o procuravam. Eu mesmo pude aproveitar a ocasião para confessar-me com ele. No quinto dia de sua visita, sentiu fortes dores na região abdominal. Quisemos levá-lo para o hospital e colocamos à sua disposição tudo o que a Província podia oferecer. Ele, porém, manifestou seu desejo de voltar às pressas para sua amada Belém. Chamou-me à parte e me perguntou se poderia acompanhá-lo nessa viagem de regresso. Sem pestanejar, disse-lhe que sim. Na verdade, eu deveria viajar naquela mesma noite para um encontro das Filhas da Caridade no Rio de Janeiro. Liguei para as Irmãs, expliquei a situação e pedi que me dispensassem do compromisso. No dia seguinte, sábado, obtidas as passagens aéreas, viajamos para Belém. Uma inesquecível experiência! Durante as três horas de voo, enquanto Dom Vicente tentava dormir, disfarçando a dor que o consumia, conservando aquela paz que o caracterizava, eu o contemplava entre comovido e agradecido, com a clara consciência de estar ao lado de um santo, de um homem que soube viver com autenticidade e que, naquele momento, começava seu derradeiro ofertório, "deitado nos braços da maternal Providência", escutando cada vez mais perto "o suave repicar do sino da Páscoa Eterna" (C. Péguy).

***

Por tudo o que viveu e irradiou, nutrido por seu entranhado amor a Nosso Senhor, *com Maria, Mãe de Jesus*, Dom Vicente Joaquim Zico ficará para sempre na memória de quem o conheceu, passeando em nossos corações e suscitando em todos nós o desejo de ser bons e verdadeiros, fiéis à vocação que recebemos e íntegros em nossa missão, a fim de que, como para ele, também para nós, "os caminhos do Céu guardem eternamente os traços que deixamos ao andar" (C. Péguy).

Os escritos

Identidade cristã

O cristão autêntico marca sua presença no mundo pelo testemunho da fidelidade ao Batismo, que o introduziu na intimidade com Deus: ele é filho de Deus que é Pai, tornou-se irmão de Jesus Cristo e foi consagrado templo do Espírito Santo.

Chamado à santidade, é alguém verdadeiramente comprometido com Deus, com seus irmãos e com um mundo a salvar. Sob a ação do Espírito Santo, haja, pois, imaginação e criatividade para fazer chegar a todo o mundo o Evangelho de Jesus Cristo, de maneira pedagógica e convincente, ao coração de cada pessoa e ao centro da sociedade, às próprias raízes da cultura do povo de que é membro o discípulo de Cristo.

Identificados com Cristo que vive em cada um (cf. Gl 2,20) e conduzidos pelo Espírito Santo, os filhos de Deus recebem em seu coração a lei do amor. E "o primeiro e grande mandamento" consiste em amar a Deus de todo o coração, com todas as forças, e ao próximo como a si mesmo.

Ao despedir-se dos apóstolos, na Última Ceia, Jesus quis, então, fazer das demonstrações práticas desse amor aos nossos irmãos "seu mandamento novo", o sinal pelo qual seríamos reconhecidos como seus verdadeiros seguidores. Seria, pois, este nosso autêntico "cartão de identidade".

Não se trata, é claro, de um sentimento vazio ou superficial, fervoroso mas passageiro, intimamente profundo e válido, porém sem repercussões maiores na mudança de uma sociedade carregada de pecados e aliciante do mal. Trata-se do amor-serviço, do amor--missionário, amor-solicitude, amor-profecia, amor-anúncio, dos verdadeiros valores humanos e denúncia dos falsos valores impostos pela sociedade de consumo. O fruto desse amor poderá ser talvez a empatia e a gratidão, mas não poucas vezes a incompreensão, a interpretação malévola e descaridosa, a intriga e a perseguição, até mesmo o sacrifício da própria vida. Assim aconteceu com Jesus Cristo, por fazer-se nosso irmão, "amando-nos até o fim", isto é, até o extremo de sacrificar-se por nós na cruz.

(Belém, 14 de maio de 1995. In: *Escritos pastorais,* p. 79-80)

O Espírito Santo na Igreja

Segundo Jesus Cristo, o Espírito Santo deverá completar a obra começada. Aos acenos proféticos de sua morte, o Senhor chega a assegurar aos apóstolos que a tristeza não deveria ocupar-lhes o coração. Disse-lhes que não precisavam abater-se, porque o Pai lhes enviaria, em seu nome, o Paráclito, o Consolador, o Espírito da Verdade, o Espírito Santo. Viria ajudá-los no conhecimento pleno de tudo o que estava por ocorrer e de todas as coisas que lhes dissera. O Espírito haveria de julgar o mundo "quanto ao pecado" de não ter acreditado no Filho que o Pai enviara e quanto à chance que o mundo perdera de "reconhecer o tempo em que foi visitado" (Lc 19,44).

"Consumada a obra que o Pai confiara ao Filho realizar na terra, foi enviado o Espírito Santo, no dia de Pentecostes, a fim de santificar perenemente a Igreja". Assim se expressa a Igreja, em um documento conciliar (*Lumen gentium*, n. 4). De acordo com o ensinamento do Concílio, a comunidade dos cristãos tem, no Divino Espírito Santo, a garantia de sua missão, santificando-a e ajudando-a no trabalho de expansão do Evangelho e do nome de Jesus Cristo. O "Espírito da Vida", a "fonte de água que jorra para a vida eterna", tem, pois, por missão, "habitar na Igreja e nos corações dos fiéis como num Templo", "levá-la ao conhecimento pleno da verdade", "unificá-la na comunhão e no ministério, dotando-a de muitos dons"; "rejuvenescê-la e renová-la continuamente"; "dar vida às suas instituições, como sua alma"; "levá-la a abraçar na caridade todos os povos e a penetrar todos os idiomas e culturas, ajudando-a na difusão do Evangelho entre as nações".

Sintetizando, assim diz o Vaticano II: "Como pela descida do Espírito Santo sobre a Virgem Maria, fora concebido Jesus Cristo, e, como pelo mesmo Espírito, Jesus Cristo fora impelido à realização do ministério, assim, em Pentecostes, começaram os atos dos apóstolos". "Começaram os atos dos apóstolos", isto é, teve início a atividade apostólica da Igreja de Jesus Cristo. Para que ela seja, realmente, no mundo e entre os homens, a testemunha fiel, a intérprete autêntica e segura, o prolongamento vivo de seu divino fundador, a Igreja deve aparecer e deve falar, pela santidade pessoal de seus membros, o conhecimento sempre aperfeiçoado dos ensinamentos do Evangelho, o testemunho da unidade apostólica e da vivência sincera de irmãos, a renovação constante dos meios humanos ou instrumentos eclesiásticos a que ela costuma recorrer, o espírito missionário que a deve dinamizar. Meu pensamento se volta naturalmente para a Igreja de Belém, de uma forma precisa e concreta. Minha leitura e minha meditação têm, pois, endereço certo. A começar por mim, somos todos convidados a rever em Pentecostes a que grau chegou a "vida nova" suscitada em cada um pela graça da Páscoa da Ressurreição. Bispo, padres, religiosos e demais pessoas consagradas, agentes de pastoral, membros de associações e movimentos, coordenadores de comunidades, ou nos empenhamos sinceramente em "deixarmo-nos conduzir pelo Espírito Santo", para viver e agir como a Igreja que Jesus Cristo quis e amou, santificada pela Palavra, apresentada sem mancha nem ruga, mas santa e irrepreensível (cf. Ef 5,26-27), ou corremos sempre o risco de não sermos acreditados.

Que o Espírito Santo encha, com sua presença e a força de seus dons, nossa querida Arquidiocese de Belém.

(Belém, 28 de maio de 1995. In: *Escritos pastorais,* p. 95-97)

Igreja e missão

Qualquer cristão que reflita com seriedade sobre a missão da Igreja não poderá deixar de concluir que, entre quaisquer prioridades que se possam apontar a seu desempenho entre os homens de nosso mundo, não se pode jamais deixar de incluir a missão como o maior serviço a ser prestado à humanidade. Sem podermos desconhecer as realizações maravilhosas a que chegou o homem contemporâneo, mercê da ciência e da tecnologia e de sua própria atitude de criatura humana em seu esforço a favor da dignidade e da paz, somos obrigados a proclamar que o homem de nossos dias "parece ter perdido o sentido último das coisas e de sua própria existência".

Não é, portanto, apenas um drama religioso esse a que estamos assistindo estarrecidos; não é somente a falta de fé que se esconde atrás dos crimes hediondos que se alastram por todos os países, e sobretudo nos do Terceiro Mundo; não é apenas o clima extremado de paganismo e permissividade que nos faz lembrar o estertor da Roma agonizante; nem, finalmente, as convulsões internas da Igreja e suas deficiências no esforço para promover a evangelização de si mesma.

O que desafia a Igreja de nosso tempo, mesmo em seus gestos mais audaciosos de atualização de sua mensagem, em seus métodos, em sua disciplina, é o fato inconteste de que, não obstante todos os esforços das teologias, quer tradicionais, quer libertárias, a Igreja não encontrou a palavra precisa para nortear o homem perdido no meio do deserto, sem ter uma visão nítida das coisas, para qualquer lado do horizonte que deseje penetrar. O homem deste final de milênio, após tantos anos de filosofias e autocríticas, não sabe mais as respostas às perguntas essenciais e parece ignorar, num frenesi e num desespero de quem perdeu a bússola que aponta o passado e o futuro, quem ele é realmente, para que foi criado e o que constitui sua missão na passagem por este mundo.

É inegável que, a partir dessa constatação, não se pode recusar, com o mesmo ardor e idealismo dos tempos primitivos, a retomar sua tarefa missionária, espalhando por todos os quatro cantos do mundo e em todos os setores das atividades humanas, por todos os meios de comunicação de que disponha, tentando ensinar a essência do conteúdo evangélico, a saber, que a Redenção operada na cruz restituiu definitivamente ao homem a dignidade e o sentido de sua existência no mundo.

Somente a partir dessa adesão pessoal de qualquer indivíduo à mensagem do Cristo é que se desdobram os programas da ação missionária da Igreja, promovendo as vocações missionárias, autorizando e valorizando aqueles que, em todos os países do planeta, entregam a vida e derramam o sangue, na repetição ininterrupta do grande testemunho dos cristãos que, em todos os tempos, souberam que "não há prova maior de amor do que dar a vida por aqueles a quem amamos", e aqueles a quem amamos são justamente todos os nossos irmãos.

(Belém, 14 de julho de 1991. In: *Escritos pastorais*, p. 17-18)

Ser padre

Mais do que nunca, o mundo de hoje tem necessidade de sacerdotes que venham ao encontro das imensas necessidades dos homens. Sua presença no mundo não é fruto do acaso, nem resultado de um movimento puramente sociológico.

Compreender o que é o padre exige que comecemos por Jesus Cristo, que quis prolongar-se em sua Igreja por meio do que chamamos de serviços ou ministérios. Nesse sentido, todos os crentes são chamados a exercer um serviço aos irmãos, fazendo-se, deste modo, um complemento ou instrumento do Senhor. Cada um é "outro" Cristo, segundo sua própria vocação e missão. As vocações e os ministérios são, assim, sinais da presença ativa de Jesus ressuscitado na Igreja e no mundo.

A seus ministros, porém, Jesus comunica, por meio do sacramento da Ordem, uma graça especial do Espírito Santo, para garantir o significado de sua Palavra, prolongar sua presença, seu sacrifício eucarístico e sua ação pastoral. Esta é a missão do ministério apostólico dos Doze e seus sucessores, os bispos, e imediatos colaboradores, os padres.

A realidade sacerdotal, o "ser" padre abrange três aspectos principais: a eleição divina, a consagração através do sacramento da Ordem e a missão ou o envio por parte de Cristo e mediante a Igreja. Isso quer dizer que a vocação sacerdotal é dom e iniciativa exclusiva de Deus. É ele quem chama, e o faz através de mediações, como a família, educadores, testemunhos de pessoas da comunidade, doutrina, hierarquia. A consagração sacerdotal é participação na unção de Cristo, por meio do caráter e da graça que confere o sacramento da Ordem, que configura o sacerdote ordenado com o Cristo-Sacerdote, para poder agir em seu nome.

A graça recebida no sacramento da Ordem ajuda o padre a exercer a missão sacerdotal. Desse modo, nós, padres, somos instrumentos vivos de Cristo-sacerdote. O padre, a exemplo de Cristo e em seu seguimento, é também o Bom Pastor a exercer a caridade pastoral junto aos irmãos, sendo ele próprio um instrumento consciente de Cristo em todos os movimentos da vida e do ministério, como "dispensador dos mistérios de Deus". O sacerdote não se pertence a si mesmo. Foi chamado para ser sinal de como ama o Bom Pastor. Ele é sinal de sua Palavra e de seu agir, sinal de comunhão eclesial com o bispo, com os outros sacerdotes e com todo o povo de Deus, sinal de caridade e máximo testemunho de amor.

Como disse Jesus, "ninguém tem maior amor do que aquele que dá a vida por seus amigos". Este é o padre, amigo e irmão.

(Belém, 21 de agosto de 1994. In: *Escritos pastorais*, p. 46-48)

Ministros da misericórdia

O padre deve ser um instrumento de Deus para levar às pessoas que dele se aproximam em suas aflições o conforto, uma palavra de paz, restituir-lhes a alegria. No mundo de hoje, deparamo-nos com a situação dolorosa de muita gente necessitada desses gestos de compreensão e bondade. São tantos os dominados pelo pessimismo, pelo desânimo, desesperança, desespero, depressão...

Necessitamos de uma sincera renovação pessoal, em vista de um ministério eficiente, particularmente no empenho de abrir horizontes de esperança para quantos se virem na obrigação de recorrer à graça e ao poder sobrenatural que tem o padre para ajudá-los. Isto é misericórdia, grandeza de coração. "O coração se dilata", escrevia São Paulo (2Cor 6,11).

Antes, porém, de aprofundar o tema da misericórdia para com os outros, seria bom e justo refletir um pouco sobre nós mesmos, agraciados pela misericórdia divina em nosso favor:

> Bendito seja o Deus e Pai de Nosso Senhor Jesus Cristo, o Pai das misericórdias e Deus de toda consolação. Ele nos conforta em todas as nossas aflições para podermos consolar todos os aflitos com o consolo que nós mesmos recebemos de Deus (2Cor 1,3-4).

Quantas graças a render a Deus por sua compreensão e seu amor, perdoando-nos, vezes sem conta, as faltas e pecados que tivemos. Em sua misericórdia, nós nos apoiamos para sempre recomeçar. "Sem vosso auxílio, Senhor, ninguém é forte, ninguém é santo" (Oração do 17º Domingo do Tempo Comum). Olhamos, assim, para nossa condição de pecadores e descobrimos facilmente nossas infidelidades, nossos pecados, e só temos a nos penitenciar e a pedir humildemente perdão a Deus. Felizes de nós se assim nos prepararmos para "cantar eternamente as misericórdias do Senhor" (...).

Somos, entretanto, padres para os outros e a todos devemos levar os sinais da misericórdia de Deus, misericórdia da compreensão e da solidariedade, na miséria e aflição de que são vítimas, misericórdia para levar-lhes o perdão e reerguê-los da humilhação do pecado. Misericórdia lembra miséria. Há várias espécies de miséria humana de que nos devemos condoer, revivendo talvez a parábola do bom samaritano:

- Miséria, situação que nasce da pobreza, consequência da injustiça que desumaniza.
- Miséria, situação que nasce do pecado, que avilta a pessoa humana e a escraviza.
- Miséria, que nasce da ignorância da verdade e do bem, que as pessoas são impedidas de enxergar.
- Miséria que nasce da escassa e precária evangelização.

Deparamo-nos com os socialmente excluídos. O mundo se globaliza, mas é uma globalização de exclusão de imensas maiorias. O sistema de mercado não tem alma, não tem um "coração de carne", um coração humano; tem um "coração de pedra", e este se chama lucro. Ora, nós somos chamados a introduzir no mundo e na história a alegria de um coração novo, compassivo, misericordioso. A compaixão está na raiz da opção pelos pobres: nexo afetivo, respeito ao coração machucado ou pisado, maior consideração do pobre ou empobrecido, que não é um "zé-ninguém".

O padre é o "rosto da Igreja", comprometida com esses nossos irmãos, os últimos, conforme os dizeres da *Lumen gentium*, n. 8. Em nome do amor que acolhe, ajuda, refaz existências humanas, o padre vê a miséria alheia, procura senti-la como se fosse própria e decide remediá-la.

Misericórdia e perdão são palavras-chave da Bíblia. Se Deus "não nos trata como exigem nossas faltas, nem nos pune em proporção às nossas culpas" (Sl 102), nele nos devemos espelhar para acolher ou ir em busca da ovelha perdida. São João Maria Vianney, o Cura d'Ars, renovou uma comunidade descristianizada e degradada por meio de seu serviço no confessionário. Devemos imitá-lo, pondo-nos de maneira renovada à escuta de nossos irmãos. Particularmente neste serviço, somos ministros da misericórdia. Lembremo-nos do Sl 68: "Por minha causa, não deixeis desiludidos os que esperam sempre em vós, ó Deus. Que eu não seja a decepção e a vergonha dos que vos buscam, Senhor".

Quanto podemos "contribuir para a alegria dos outros" (2Cor 1,24), reassumindo o propósito de ser mais fiéis ao ministério do perdão e da misericórdia! Em nós, Deus depositou o poder de perdoar: "Ó Deus, que mostrais vosso poder sobretudo no perdão e na misericórdia, derramai sempre em nós a vossa graça" (Oração do 26º Domingo do Tempo Comum). O Cardeal J. Meisner, arcebispo de Colônia, em uma recente entrevista (2010), expressou-se desta forma:

> Um dos esmorecimentos mais trágicos de que a Igreja padeceu, a partir da segunda metade do século XX, foi ter negligenciado o dom do Espírito Santo no sacramento da Penitência. Em nós, sacerdotes, isso determinou uma terrível perda de estatura espiritual. Na confissão, o sacerdote pode penetrar nos corações de muitas pessoas e receber disso um impulso, um encorajamento e inspirações para continuar no seguimento de Cristo.

Ministros da misericórdia, dotados do poder de perdoar em nome de Deus, sejamos, pois, sempre disponíveis e verdadeiramente prontos para acolher, atentos em escutar, sábios e seguros para orientar, felizes em *contribuir para a alegria das pessoas* que nos procuram. Deus nos conceda esta graça.

(Meditação de um retiro para sacerdotes.
In: *Chamados a ser santos no serviço ao povo de Deus,* p. 66-68)

O bispo e sua missão

Assim como, segundo a narração dos Evangelhos, Jesus Cristo escolheu pessoalmente seus apóstolos, formando o colégio dos Doze, que o seguiam por toda parte, assim a Igreja acredita que, seguindo a inspiração do Espírito Santo, é o mesmo Senhor quem chama, convoca, acena para os sucessores dos apóstolos e discípulos, dando-lhes uma missão: "Ide e evangelizai".

No caso dos candidatos ao sacerdócio, os fiéis encaram com naturalidade quando a gente fala em vocação e missão. Mas, no caso dos bispos, embora não paire qualquer dúvida em relação à missão que lhes é atribuída, mais ampla naturalmente que a missão do sacerdote, a algumas pessoas parece estranho falar em vocação para o episcopado. Têm alguns a impressão de que ninguém possui verdadeira vocação para o episcopado, pois a escolha é feita através de tantas avaliações humanas, além de exigir consultas, tomada de informações, exame de currículos e procedimentos, que, quando o Papa decide nomear alguém como bispo de determinada diocese, se esboça o pressuposto de que o Espírito Santo muito pouco tem a ver com o fato, e que o candidato nem sonhou com aquela missão, nem muito menos sentiu vocação para ela.

Mas, aos olhos da fé, é diferente o que acontece. A vocação do bispo pode não ser um desejo explícito, como no caso do sacerdócio. É certo, porém, que já São Paulo afirmava desejar uma coisa boa os que desejavam o episcopado. Mas a experiência contemporânea revela tantos sofrimentos, tantos cuidados e preocupações, tantas responsabilidades e sobressaltos, que não parece razoável imaginar em alguém o desejo explícito para o episcopado.

No entanto, nos misteriosos movimentos do Espírito, que sonda os rins e os corações, existe sim uma vocação para a missão de bispo, que a Igreja só faz descobrir, com redobrado cuidado, e explicitar através da indicação do Papa, provendo de pastores as diversas dioceses do mundo e escolhendo as pessoas indicadas para as dioceses que continuam sendo criadas, assegurando, assim, a expansão territorial da Igreja e o crescimento permanente do Reino de Deus.

A vocação para o episcopado torna-se mais clara e inquestionável, à medida que o bispo se vai identificando com seu carisma singular e a sagração do sacerdócio pleno, transmitida pelo óleo sagrado da unção episcopal, vai transformando o padre no pastor responsável por um rebanho mais amplo, dotando-o de força, coragem, dedicação, despojamento, fazendo com que os fiéis se convençam cabalmente da iluminação que seu bispo recebe do próprio Espírito Santo, que pulsa no coração da Igreja e não permite que seres frágeis e vulneráveis ponham a perder os rumos do povo de Deus em sua marcha no itinerário da história.

E, quanto mais longo é o episcopado, quanto mais se identifica o bispo com os anseios e as preferências do rebanho que ele pastoreia por prolongados anos, quando chega o ponto em que já faz parte integrante da paisagem humana de sua diocese, então é certo que ele cumpriu sua missão com absoluta fidelidade e foi chamado porque o Espírito Santo nele descobriu a vocação indispensável para o episcopado, coroado de glória e merecimentos.

(Belém, 17 de novembro de 1991. In: *Escritos pastorais*, p. 25-26)

Feliz aniversário

Não é um voto que estou formulando a mim mesmo, que hoje faço cinquenta anos de sacerdócio. É uma afirmação sincera, honesta. É um testemunho pessoal, que sinto o dever de dar a todos os que me conhecem, a meu rebanho de modo especial. Imagino que todo mundo goste de celebrar aniversário, mesmo que nem todos gostem de festa. Eu, de minha parte, confesso, com simplicidade, que me sinto profundamente feliz de estar comemorando cinquenta anos de Ordenação sacerdotal.

Fui ordenado em Petrópolis, no Estado do Rio de Janeiro, por Dom Jorge Marcos de Oliveira. Guardei de meu ordenante a afetuosa e a mais grata lembrança por me ter feito padre. E somente doze anos depois de ordenado o reencontrei, quando visitou Fortaleza, sendo eu, naquela ocasião, reitor do Seminário da Prainha.

Nos meus anos de padre, dedicados primeiramente à formação dos seminaristas, vivi um pouco as etapas da vida humana. Uma "infância" de alegre realização pessoal e verdadeiro crescimento, sete anos dentro do Seminário Menor, como prefeito de disciplina e, depois, como diretor espiritual. Passei por uma "adolescência" de inseguranças e provações, de turbulência e sérios problemas de consciência, quando passei a ser reitor do Seminário Maior, no período do Concílio Vaticano II e nos anos que o seguiram. Nesse tempo, tive que enfrentar a onda de renovação e inovações na Igreja, para as quais ninguém se sentia suficientemente preparado.

A "juventude" foi a época do entusiasmo e do vivo ideal de, com novo vigor e sincera alegria, consagrar-me totalmente à comunidade em que ingressara aos dezesseis anos de idade. Fui eleito assistente-geral da Congregação da Missão e, em Roma, ocupei o honroso cargo, pelo período de sete anos. O Santo Padre me fez, então, no dia 5 de dezembro de 1980, bispo para a Igreja de Belém. E aí começou para mim, sob muitos aspectos, a "fase adulta" de minha vida.

Desde então, tenho procurado viver esse período de vida com amor e alegria, ânimo e esperança, consciente de minha pequenez e de minhas limitações ante a importância histórica e social da Arquidiocese de Belém, a grandeza de seus problemas pastorais e suas reais possibilidades de atender as urgências do Reino de Deus, aqui na Amazônia.

De março de 1981 a junho de 1990, auxiliei, com muito gosto e prazer, o ilustre arcebispo Dom Alberto Ramos na animação pastoral da Arquidiocese, missão que ele me havia confiado. Em 4 de julho de 1990, assumi como titular e continuei na mesma linha de trabalho que escolhi.

Dividi, então, a Arquidiocese em seis regiões, confiando-as a vigários episcopais. Ordenei um bom número de sacerdotes para o clero de Belém. Enviei padres ao exterior para se especializarem na ciência teológica. Criei várias paróquias na grande Belém e no interior. E há a perspectiva de outras serem criadas em futuro próximo. O Seminário São Pio X foi totalmente reformado e hoje abriga, além do Seminário Maior da Arquidiocese, o Instituto para a Formação Presbiteral do Regional Norte 2 e o Centro de Cultura e Formação Cristã, um moderno centro de convenções da Igreja. Novas e modernas igrejas foram construídas e outras estão em projeto. Recentemente, entramos também no campo das comunicações com a instalação da Rádio Nazaré, a implantação de uma retransmissora da Rede Vida de Televisão e, em breve, teremos um canal próprio, que se chamará TV Nazaré.

Nestes três anos de preparação para o Grande Jubileu, promovemos as Santas Missões em todas as paróquias do interior e em quase todas da capital. E o ano 2000 está sendo abençoado com as Semanas Eucarísticas, em todas as paróquias da Arquidiocese.

Tudo isso me motiva a dizer que este é, de fato, um feliz aniversário de cinquenta anos de abençoado sacerdócio.

(Belém, 22 de outubro de 2000. In: *Escritos pastorais*, p. 152-154)

Consagrados a Deus para o mundo

A Vida Consagrada constitui hoje um dos maiores desafios da Igreja no limiar do terceiro milênio, mas também uma de suas grandes esperanças. A presença do religioso consagrado e seu testemunho de vida, em uma sociedade envolta em futilidades, mostram que ele não é uma realidade isolada e marginal, mas diz respeito a toda a Igreja. Está mesmo colocado em seu coração, como "elemento decisivo para sua missão".

No decorrer da história cristã, têm sido abundantes as formas de Vida Consagrada, sinal da extraordinária riqueza do seguimento de Jesus Cristo. Inúmeros são os santos e santas fundadores de ordens e congregações religiosas. Já no início do Cristianismo, surgiu a vida monástica, uma maneira radical de seguir Jesus Cristo, privilegiando a conversão, a renúncia de si e a contrição do coração, a procura da paz interior e a prece incessante, o jejum e as vigílias, a luta espiritual e o silêncio, no mosteiro ou na solidão do eremitério, conjugando oração e trabalho.

Voltou a florescer, nos dias de hoje, a antiga Ordem das Virgens, mulheres consagradas para servir a Igreja local, no silêncio de sua dedicação, vivendo sozinhas ou em comunidade. Retomou-se também a consagração das viúvas e viúvos, que se dedicam à oração e ao serviço da Igreja. Essas duas formas de Vida Consagrada são conhecidas desde os tempos apostólicos, como nos informam os escritos do Novo Testamento.

São numerosos os Institutos de Vida Contemplativa. Em sua vida de oração, mortificação e contemplação, contribuem, "com uma misteriosa fecundidade, para o crescimento do povo de Deus". Existem ainda na Igreja as famílias religiosas de Cônegos regulares, as Ordens mendicantes, os Clérigos regulares, as Congregações religiosas masculinas e femininas, espalhadas por todo o mundo, testemunhando admirável atividade apostólica e missionária.

Nestes tempos modernos, o Espírito tem suscitado novas expressões de Vida Consagrada para atender as necessidades que a Igreja encontra no cumprimento de sua missão. Temos, assim, os Institutos seculares, cujos membros procuram viver sua consagração no mundo, através da profissão dos conselhos evangélicos. Os Institutos seculares clericais, formados por sacerdotes diocesanos, para viverem, também eles, os mesmos conselhos evangélicos segundo um carisma específico. E as Sociedades de Vida Apostólica, que buscam um específico fim missionário. Estas e outras maneiras de viver a vocação cristã enriquecem a Igreja e tornam visíveis as maravilhas que Deus realiza no mundo, através da fragilidade das pessoas chamadas para esse serviço, cujos testemunhos de vida têm suscitado admiração em toda parte, se não pela enormidade de obras, muito mais pela heroicidade com que abraçaram uma vida totalmente dedicada aos irmãos.

Talvez a maioria dos homens de hoje tenha deixado de compreender o sentido dos conselhos evangélicos de castidade, pobreza e obediência. Uma das razões dessa falta de compreensão é a perda do referencial supremo, Deus, e daquele que ele enviou, seu Filho Jesus Cristo. Isso, porém, não é motivo de desânimo, pois a função do consagrado é, como nos lembra o Papa João Paulo II, "recordar e servir o desígnio de Deus sobre os homens". Para o bom desempenho nesse serviço, os consagrados procuram exercitar-se numa profunda experiência de Deus, tomando, ao mesmo tempo, consciência dos desafios que se apresentam à própria missão.

A Igreja toda é grata pelo trabalho que os religiosos e os leigos consagrados realizam. Gostaria de agradecer especialmente pela presença em nossa Arquidiocese, nas paróquias e comunidades a eles confiadas. Peço a Nosso Senhor que os recompense sempre, enviando-lhes numerosas e boas vocações.

(Belém, 19 de agosto de 1996. In: *Escritos pastorais*, p. 103-105)

Imitemos a Virgem

Desde as origens, a Igreja Católica tem destacado o papel de Nossa Senhora na obra da Redenção. Nos momentos mais importantes de sua história, foi marcante a presença da Mãe de Jesus. Ela foi a primeira discípula de seu Filho, sua seguidora incondicional. Acompanhou-lhe o julgamento, testemunhou sua crucificação. Viu-o morrer e aguardou sua ressurreição. Há uma tradição muito antiga que assegura ter Jesus Ressuscitado aparecido primeiro à sua Mãe, antes de se mostrar aos outros. Ansiosa, a filha predileta do Pai esperou, com os apóstolos reunidos no Cenáculo, a descida do Espírito Santo prometido e recebeu com eles o dom de Deus. Por amor à obra de seu Filho, não deixou de acompanhar a comunidade cristã primitiva em seus primeiros passos, com amparo materno, talvez sempre lembrada da missão a ela confiada por Jesus, quando entregou a seus cuidados o discípulo amado: "Mulher, eis o teu filho". Maria não se esqueceu nem relegou o que lhe coube como herança, aqueles pelos quais Jesus morreu.

A Igreja também não se esqueceu jamais de Nossa Senhora. Éfeso, a cidade onde ela morreu, segundo a tradição, guardou sinais da veneração que lhe devotaram os cristãos. Ali, foi achada uma pedra com as palavras iniciais da Ave-Maria.

Por todos os lugares a que iam os cristãos, a figura singular de Maria Santíssima os acompanhava. Na catacumba de Priscila, em Roma, está o fragmento de um afresco no qual se acha a mais antiga imagem da Santíssima Virgem, ainda no século III, testemunha ao mesmo tempo silenciosa e eloquente de uma verdade central da fé cristã: a encarnação do Verbo de Deus, nascido da Virgem Maria. Na pintura, ela aparece com o Menino Jesus ao colo.

A veneração a Maria espalhou-se por todo o mundo, em todos os continentes. Nesses lugares, ao encontrarem-se os fiéis com Maria, ela lhes apresentava Jesus, repetindo-lhes a mesma frase de Caná: "Façam tudo o que ele lhes disser". É assim em Portugal (Fátima), França (Lourdes), Polônia (Chesztocowa), México (Guadalupe), Brasil (Aparecida).

Os cristãos sabem que a Virgem Santíssima já atingiu a perfeição e se esforçam para "crescer em santidade, vencendo o pecado". Reconhecem suas fraquezas e debilidades, mas não querem ficar assim. Sabem ser chamados à perfeição, como o Pai celeste é perfeito. "Por isso, elevam os olhos a Maria, que refulge para toda a comunidade dos eleitos como exemplo de virtudes." Olham-na e contemplam-na, à luz de seu próprio Filho, de quem quis ser cópia fiel.

É assim que se apresenta o Círio de Belém. Os romeiros e peregrinos de todos os cantos vêm à cidade da Virgem, trazendo suas alegrias e esperanças, mas também suas tristezas e angústias, que depositam nas mãos da Virgem. Procuram imitá-la no amor a Jesus, na fé sincera e simples, na obediência de coração e, principalmente, no seguimento de seus passos, lembrados daquelas palavras de Jesus: "Quem me segue não anda nas trevas, mas terá a luz da vida".

(Belém, 13 de outubro de 1996. In: Escritos pastorais, p. 101-102)

Seguir Jesus no caminho de São Vicente de Paulo

O seguimento de Jesus Cristo é a história dos santos e da santidade na Igreja, desde os apóstolos. Nosso Senhor chamou seus primeiros discípulos, cada um deles, com uma simples palavra: "Segue-me". E todos eles, respondendo ao convite, com generosa prontidão, o seguiram.

Do mesmo modo que os apóstolos, um número incontável de pessoas, particularmente de santos, no decorrer da história, assumiu o seguimento de Jesus como ideal de vida, procurando conhecê-lo espiritualmente, alimentando-se de seus ensinamentos, revestindo-se afinal de seu espírito e pondo-se a serviço de seu Reino. Santificaram-se justamente por terem procurado seguir Jesus Cristo.

É evidente que as pessoas são todas diferentes umas das outras e, por isso, cada uma o segue segundo seus dons e carismas. Por seus seguidores, é

> a Igreja que apresenta Cristo, quer entregue à contemplação no monte, quer anunciando o Reino de Deus às multidões, curando os enfermos e feridos, convertendo os pecadores ao bom caminho ou ainda a abençoar as criancinhas e a fazer o bem a todos, obedecendo sempre, em cada atitude, à vontade do Pai (*Lumen gentium*, n. 46).

O que é dito aqui, a respeito dos religiosos, na *Lumen gentium*, transponho para a pessoa daquele que a Divina Providência colocou no caminho de nossa vida: São Vicente de Paulo, fundador da Congregação da Missão, de que somos membros pela graça de Deus e por vocação ao seguimento de Cristo, como foi o carisma de São Vicente. Surgiu nele, ainda muito jovem, o desejo de se fazer sacerdote. Vencidas as dificuldades ordinárias, financeiras e outras, conseguiu ordenar-se e procurou encaminhar-se para um trabalho ou ministério que, na verdade, não o dignificava muito. Alimentava, àquele tempo, ambições ou sonhos mais humanos e terrenos do que propriamente religiosos e sobrenaturais. A descoberta dos pobres e das situações de pobreza, desafios para a sociedade e para a Igreja, foi a porta que a Providência lhe abriu, de maneira que ele pudesse encontrar o lugar ou o caminho do verdadeiro seguimento de Jesus Cristo.

Padre ainda jovem, começou a seguir a escola de espiritualidade fundada e dirigida, em Paris, pelo Padre Pedro de Bérulle. São Vicente o teve mesmo como conselheiro espiritual. Sua escola era frequentada por um grupo de padres desejosos de viver o sacerdócio como em uma comunidade apostólica e buscar a santidade fundamentada numa reflexão sobre a sublimidade do mistério do Verbo Encarnado. Aí começou o caminho próprio de Vicente de Paulo, seu estilo pessoal de seguir Jesus Cristo, seu verdadeiro carisma, destinado a se tornar origem de outra espiritualidade. Jesus Cristo não seria visto e seguido na contemplação do sublime mistério do Verbo em Deus, mas no mistério de seu despojamento total, de um Deus que "quis ser pobre e nos é representado pelos pobres". Vicente professou dedicar-se inteiramente à evangelização e ao serviço dos pobres, mirando-se no próprio Jesus Cristo, que "veio para evangelizar os pobres".

Fomos escolhidos e chamados por Deus a pertencer a uma comunidade destinada a seguir os passos de São Vicente. O caminho da santidade para nós parece-me claro e muito concreto:

com São Vicente de Paulo, a seu exemplo, fazer de Jesus Cristo, evangelizador dos pobres, nosso ideal de vida: "ver Jesus Cristo nos pobres e os pobres em Jesus Cristo". Para São Vicente, esse foi um exercício constante, ele que teve sempre diante de si a pessoa de Jesus, meditando e vivendo suas palavras, participando de suas preocupações, observando suas ações e reações, animando de sua presença e ajuda todas as suas obras, tornando-se, assim, seu verdadeiro discípulo, fazendo-se, enfim, com Jesus Cristo, autêntico missionário dos pobres ou em favor dos pobres. Esta é a nossa vocação como filhos espirituais do grande santo. Devem, pois, mostrar-se, também em nós, claros e visíveis os dois lados de nosso testemunho: a atenção aos pobres e a comunhão com Jesus Cristo, fundamento e alma de tudo.

Diz o Papa Bento XVI: "Amor a Deus e amor ao próximo. Um exige tão estreitamente o outro, que a afirmação do amor a Deus se torna uma mentira, se o homem se fechar ao próximo". Mas, por outro lado, acrescenta o Papa: "Se, em minha vida, falta o contato com Deus, posso ver no outro apenas o outro, e não consigo reconhecer nele a imagem divina". Tal pensamento do Santo Padre lembra aquele de São Vicente: "Se olharmos o pobre por seu exterior, pode ele, por vezes, repugnar-nos. Mas, se virarmos a medalha, veremos nele o próprio Jesus Cristo, que quis ser pobre e nos é representado pelos pobres". Nosso objetivo é, pois, seguir Jesus Cristo de maneira radical, revestindo-nos de seu espírito, alimentando-nos de sua Palavra e de seu zelo, para a difusão de seu Reino, "Reino de justiça, amor e paz, de santidade e de vida, de graça e de verdade" – Prefácio da solenidade de Jesus Cristo, Rei do Universo.

(Meditação em um retiro para seus irmãos de Congregação.
In: *Chamados a ser santos no serviço ao povo de Deus,* p. 102-104)

Belém, minha terra

Quando recebi do Santo Padre, em Roma, onde àquela época eu morava, o chamado para a missão episcopal, juntamente com a designação de vir para o Brasil, a fim de exercer esse sagrado ofício, de início senti o natural receio diante do desafio que me transmitia o Soberano Pontífice. Reconhecendo, porém, que não me restava nenhuma justificativa plausível para me escusar ao chamado, inclinei a cabeça e, mergulhando em fervorosa oração, pronunciei o meu "sim", convencido de obedecer à vontade de Deus.

Ao fixar a data de 6 de janeiro para a sagração episcopal, que ia receber das mãos do mesmo Santo Padre João Paulo II, coloquei-me sob a proteção dos Santos Reis Magos e vi, na grande distância a percorrer, a mão de Deus a conduzir-me, de Roma a Belém do Pará, pela luz da mesma fé que trouxe do Oriente os magos a Belém de Judá.

Deus me indicava com clareza o caminho. Seguindo a Estrela, cheguei ao Brasil e ao Pará para instalar-me em Belém, como arcebispo coadjutor do saudoso Dom Alberto Ramos, ajudando-o a conduzir o rebanho do Senhor neste fascinante e imenso pedaço da Amazônia.

Como a maioria dos brasileiros, eu, mineiro, tinha, do Norte do país, um conhecimento superficial, que só serve para infundir incerteza e medo. Ao chegar, entretanto, a Belém tive contato direto com o exótico das paisagens, as belas e famosas mangueiras de nossas avenidas, as majestosas praças, recordações de um passado ainda vivo e palpitante, os monumentos históricos que nos transmitem valores eternos. Tenho, pois, motivos para declarar, sinceramente, que fiquei apaixonado por esta linda cidade, "portal da Amazônia", que guardou, com traços visíveis de bom gosto e requintada cultura, a passagem, no tempo, de homens ilustres, que honram e engrandecem a história de seu país.

Senti, como bispo, os ecos da Igreja missionária, que aqui plantou a semente do Evangelho e continua produzindo pessoas admiráveis de zelo e coragem. Entrei, comovido, nos templos coloniais e barrocos; deparei-me com a grandeza de uma Basílica de Nazaré e com a contagiante fé de um povo inteiro em romaria no Círio; pisei o venerável chão da catedral, em nada devedora das grandes catedrais da Europa; pude ler páginas imortais do bispo de Belém, Dom Macedo Costa, na defesa aguerrida de uma Igreja altiva; e me reconheci envolvido, empolgado e, ao mesmo tempo, contagiado pelo entusiasmo do arcebispo de então, paraense e belenense, vendo-me, ao seu contato, cheio de amor por esta terra.

Com enorme emoção, faço, pois, esta declaração de amor à minha Belém, em aniversário, aplaudindo os que desejam restaurá-la e devolver-lhe os valores de outrora, procurando espalhar, entre os peregrinos e turistas que por aqui passam, o sabor adocicado e inebriante daquela que um de seus filhos ilustres, o cronista De Campos Ribeiro, chamou, com muito acerto, "a gostosa Belém de outrora".

Parabéns, querida cidade, Belém de Nossa Senhora da Graça, capital mariana do Norte do Brasil.

(Belém, 14 de janeiro de 1996. In: *Escritos pastorais*, p. 124-125)

CADERNO DE FOTOS

Dom Vicente Zico, CM

Homem de Deus

Coração puro, personalidade jovial

Gestos que falam

Sempre cativante

Fiel seguidor de Jesus Cristo

O homem eucarístico

Pescaria com os amigos

Família

Os oito irmãos reunidos

Com seus pais e irmãos, no dia de sua Ordenação Sacerdotal

Com seus pais e irmãos sacerdotes

A família reunida

Ao redor do pai enfermo, com todos os irmãos

Comemorando os 80 anos de seu irmão, Dom Belchior Neto

Os irmãos em visita a Belém

Ministério Episcopal

No dia de sua Ordenação Episcopal, na Basílica de São Pedro

Com São João Paulo II, no dia de sua Ordenação Episcopal, na Basílica de São Pedro

No dia de sua Ordenação Episcopal, na Basílica de São Pedro. São João Paulo II recepciona seus familiares, acompanhados de Dom Alberto Ramos, então arcebispo de Belém

Em visita ad limina ao Papa João Paulo II

Com Dom Carlos Verzelleti, na inauguração da TV Nazaré

Pregador incansável do Evangelho

Pastor feliz do rebanho de Cristo, caminhando com seu povo, no Círio de Nazaré

No Círio de Nazaré, conduzindo a Berlinda da Mãe de Deus

Celebrando o Jubileu do Ano 2000

Com as Irmãs Preciosinas, na residência episcopal

Entregando o governo pastoral da Arquidiocese a seu sucessor, Dom Orani Tempesta, em 2004

O arcebispo em sua Catedral

Presidindo a Santa Missa, na comemoração de seus 25 anos de Episcopado

Saudando o Papa Bento XVI, na companhia de Dom Orani Tempesta, seu sucessor

Na Dedicação da Catedral de Castanhal, com Dom Carlos Verzelleti, irmão, amigo e filho espiritual

Conversando com Religiosas, na Dedicação da Catedral de Castanhal

Comemorando 30 anos de episcopado, com seus companheiros de Ordenação, em visita ao Papa Bento XVI

Na ordenação episcopal de um irmão de Congregação

Com o Núncio Apostólico do Brasil, no Círio de 2014

Com o Núncio Apostólico do Brasil, o Arcebispo e os Bispos Auxiliares de Belém, no Círio de 2014

Saudando o povo de Deus, no Círio